速読で脳と仕事が変わる!

別冊宝島編集部 編

宝島
SUGOI
文庫

宝島社

速読で脳と仕事が変わる!◉目次

1章 速読の達人に学べ!

2章 5大速読法徹底解析!

あなたに合った速読法はどれ？

みなさんは速読にどんなイメージをお持ちだろうか。超能力？　脳力開発法？　または、仕事や勉強の効率を上げるサポートツール……？

一口に速読といっても、その種類は多種多様。考え方、目的、効果など、それぞれ全く別ものだ。しかし外からは中身がわからないので、自分に合ったものを選ぶのは難しい。

そこで本書では、今話題の速読5つを厳選。開発経緯からトレーニング法まで、比較できるよう特集した。また、速読の達人たちに、本当に役立つ速読術、読書術を聞いた。

まずはこのフローチャートで自分に合った速読を選び、本文を読んで研究してほしい！

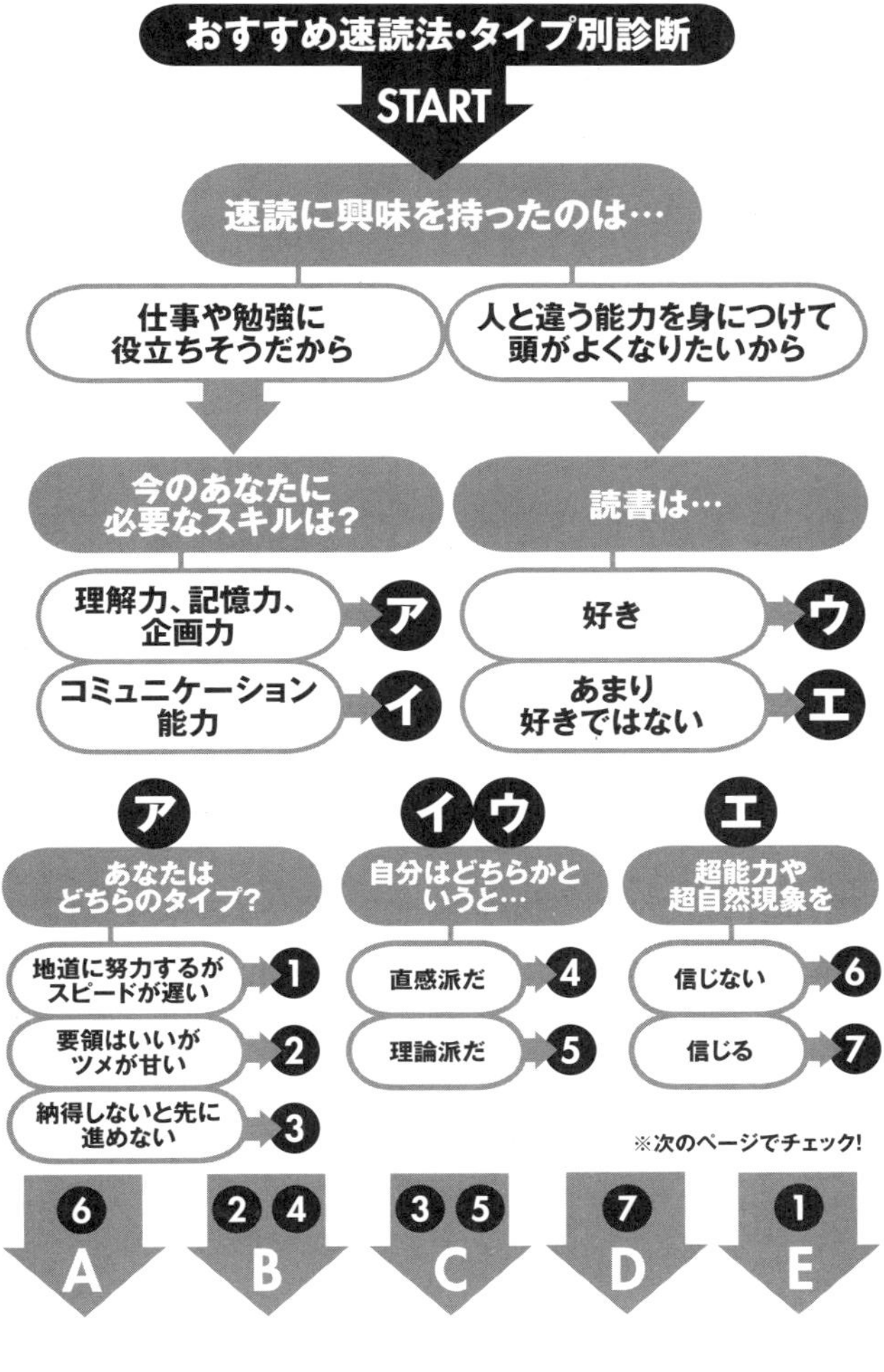
おすすめ速読法・タイプ別診断
START
速読に興味を持ったのは…
仕事や勉強に役立ちそうだから
人と違う能力を身につけて頭がよくなりたいから
今のあなたに必要なスキルは？
理解力、記憶力、企画力 ア
コミュニケーション能力 イ
読書は…
好き ウ
あまり好きではない エ
ア
あなたはどちらのタイプ？
地道に努力するがスピードが遅い 1
要領はいいがツメが甘い 2
納得しないと先に進めない 3
イ ウ
自分はどちらかというと…
直感派だ 4
理論派だ 5
エ
超能力や超自然現象を
信じない 6
信じる 7
※次のページでチェック！
6 A
2 4 B
3 5 C
7 D
1 E

あなたにフィットする速読はこれだ!

A 速読耳

シンプルな方法で爆発的人気に!

日本に初めて科学的速読法を紹介した斉藤英治博士が開発。「速読耳」と呼ばれる耳を使ったトレーニングで脳を活性化し、速読を可能にする。

➡66ページへ

B スポーツ速読

脳が活性化して人間力が上がる!

時速150kmの速球を打て、勉強にも効果があるとして子どもや主婦層にもブームに。脳を開発することで本来持っていた力が引き出され、あらゆることに効果がある。

➡82ページへ

C フォトリーディング

難解な本もラクラク読めて、情報編集力がつく!

米国生まれの速読法。「フォトフォーカス」という目の使い方で、毎秒1ページの速度で潜在意識に情報を送り込み、その後、本から本当に必要な情報だけを取り出す。

➡102ページへ

D SRS速読法

使っていなかった能力がめざめ、先読みできるようになる!

日本で最初に速読検定1級(1分10万字)に合格した栗田昌裕博士が開発。ヒトが進化の過程でサビつかせてしまった能力を鍛えることで、誰でも今の10倍の速さで読めるように。

➡144ページへ

E フォーカス・リーディング

目的と時間コストを意識して効率よく読む!

数々の速読法に挫折した寺田氏が独自に開発した、目的と効率を重視した速読法。理解度をコントロールすることで読書スピードを調整するのが特徴。

➡168ページへ

1章

速読の達人に学べ!

機能脳科学者
苫米地英人

◉

経営コンサルタント・作家
神田昌典

◉

出版プロデューサー
土井英司

大量に読み、処理し、アウトプットする達人たちに
「読む」ことの真理について聞いた!

ドクター苫米地に聞く

速読と脳

機能脳科学者で月に何冊もの本を出版する人気著者であり、セミナーやプログラム開発、政策アドバイス、そして実業家としての顔も持つドクター苫米地。

その超人的な頭脳に私たちが近づく方法とは。

Profile

苫米地英人
とまべち ひでと

1959年東京都生まれ。機能脳科学者・計算言語学者。イエール大学で人工知能の父と呼ばれるロジャー・シャンクに学ぶ。その後カーネギーメロン大学大学院に転入。計算言語学の博士号を日本人で初めて取得。約60冊の著書のほか、DVDやCDも多数発行。音楽家、宗教家としての顔も持つ。

◉知的能力に個人差はない!

「僕は政治家に対して政策のアドバイスをしたり、自分でも25の企業に出資しています。すべての経営に関わっているわけではないのだけれど、何かと相談を持ち込まれることも多い。件数が多く、ひとつのことを何時間もかけて考えていられないから、パッと的確な答えを出さなければいけない。モタモタしていたら、事業なんかできません」

カーネギーメロン大学博士・機能脳科学者、苫米地英人氏はそう話す。

ドクター苫米地の愛称で知られる彼は脳科学の視点から洗脳解除、自己啓発プログラムを発表し、多くの大学や企業で教鞭をとるほか、数々の企業に出資し、自らも多くの事業を展開する実業家でもある。

つまり、人の何倍もの膨大な量の仕事をこなし、なおかつ成果を上げているのだが、そのわりにはインタビュー中もゆったりとかまえ、少しもあくせくしたところがない。その秘密が冒頭の言葉に表れている。とにかく、すべてにおいて判断のスピードが圧倒的に速いのだ。

そんな苫米地氏は、誰もがあこがれる〝超ビジネス脳〟の持ち主だ。では、どうしたらその境地に近づけるのだろうか。

◉天才と凡人の差は2～3倍

苫米地氏はアメリカで少年時代を過ごし、飛び級を使って14歳ですでに大学の勉強をしていたという天才。もともとずば抜けて頭がいいわけで、普通の人は苫米地氏のようになるのは無理なのでは、と疑問を投げかけてみた。

「人間の能力の差なんて、あまりないんです。例えば、オリンピックの金メダリストが１００ｍを走るのに、何秒かかりますか。まあ、10秒くらいですよね。でも、走るのが遅い人だって特別な障害がなければ、20～32秒で走れる。１００ｍを走るのに2時間かかるという人はいないでしょう。ということは、オリンピック選手と普通の人の能力の差は、せいぜい2～3倍なんです」

天才と凡人の差は、思っているよりも小さいということか。それなら努力で差を縮めることも可能だ。

「僕はもしかすると、知的能力ではオリンピック金メダルクラスかもしれない。だけど、これを読んでいる普通の人と僕との差は、大きくても2倍くらいなんですよ。ということは、僕が1時間で10個のことができるとしたら、少ない人でも5個はできるわけです。それは、訓練で可能です。僕だってここに至るまでは、ローティーンの頃から、死ぬほど訓練してきたんですから（笑）」

苫米地氏が行ってきた訓練。それは、どんなものだったのか。

◉1年で2万冊の本を読む

苫米地氏はアメリカの名門・イエール大学で博士課程に進み、コンピューターサイエンスの世界最高峰、カーネギーメロン大学で博士号の学位を取得した。博士になれるのは100人に1人。3～4年に1人いるかいないかの割合だという。

「いわゆるイエールやハーバードといったちゃんとした大学の場合、博士課程に入れたとしても、最後まで残れる可能性は極めて少ないのです。毎年、大学から修士課程に進むのが50～250人。さらにその上の博士課程に進むのは5～10人で、その年度で博士号を取ってドクターになれるのは1人いるかいないかです。ドクター試験を受けて落ちたら、そのとたんに奨学金が切られ、退学しなくてはいけない。

トップレベルのアメリカの大学院でドクターを得るためには、1日に10冊、20冊程度の読書では絶対に無理です。50冊読んでなんとかなるかな。だからよく言う『本1冊を5分で読む』という方法では間に合わないんです。普通のハードカバーの本（200～300ページ）なら1分で読めなければ博士後期過程に進む資格認定試験である、QUAL（クオルファイングイグザム）にも通らない」

苫米地氏は200ページ前後の書籍なら、1分で読めるという。

「簡単に言うと、自分の研究に必要な分野の本はすべて読まなければいけない。そうしないと、QUALに通らず、先に進めないいんだから。

僕は1年で2万冊は読みました。1年の実際の稼働日数が200日だとすれば、1日10冊だと2千冊しか読めないでしょう。それじゃダメなんです。そもそも、研究者だろうがビジネスマンだろうが、忙しい生活をしていれば、読書に割ける時間なんか1日に1~2時間です。そんな限られた時間に、それこそ脇に本を山と積んでからワーッと読む。もちろん一字一句覚える必要はないけれど、しっかりと全部読んで、内容を問われたときにちゃんと答えられなくちゃいけない」

アメリカの大学では博士課程に進む学生は全員が奨学金を受けている超エリート揃い。そんな中で、その年でただひとり博士号を取得した経験があるだけに、その勉強ぶりは半端なものではなかった。そのレベルはというと、日本ではエリートと見なされるMBAも、苫米地氏によれば「あれはただの職業訓練」とのこと。日本の大学と違って勉強量がすさまじいとも聞くが、それでも苫米地氏から見れば「お子ちゃまカリキュラム」だそうだ。

◉知的能力は意外と伸びる

　このように、苫米地氏はアメリカでの学生時代に常人離れした読書量をこなすことで、脳の特訓をしていたといえるだろう。それならば、普通の知能の持ち主である私たちも、いわゆる速読法などを使って多くの本を読めば、知識も身につき、判断のスピードも上がるだろうか。

「もちろん、情報量が増えて思考能力が上がり、仕事にも役に立ちます。人間の知的能力というのは訓練しだいで意外と伸びる。それも、ぐんぐん伸びます。1年くらい訓練すれば、1〜2時間でハードカバーの本を100冊くらい読めるようになる。ただし僕は、日本で行われている速読法の多くには大いに疑問があります」

　第三者に本の内容を問われ、的確に答えられて初めて速読が完成すると苫米地氏。そのためには日本の速読法では不十分だと言う。

「今の速読には大きく分けてふたつある。〝キーワード系〟と〝飛ばし読み系〟です。キーワード系は、最初に、ある言葉や読みたいテーマを決めて、それを求めて読んでいく方法ですが、大きな落とし穴があります。

　スコトーマの原理といって、例えば、僕の友人がBMWの車を買ったんですが、そうしたら急に『街にはBMWが多いなあ』って言い始めた。そうじゃない、昔からB

MWはいっぱい走ってるんだよって（笑）。あるいは自分や奥さんが妊娠したら、急に街に妊婦さんが増えたような気になるのと同じで、人間は自分の気になることしか目に入らないものなんです。それを読書に置き換えたら、最初から〝○○のことについて読む〟って決めて読んでしまったら、そのことばかりに目がいって、ほかに重要なことが書いてあったとしても目に入らなくなってしまう。これでは本当の意味で本を読んだことにならないし、読んだつもりになって満足してしまうことになります」

◉あえて言おう。あなたたちは、本当には本を読んでいない！

先入観ほど危険なものはないということは、苫米地氏自身が出会ったこんなエピソードからも言える。

「僕が『英語は逆から学べ！』（フォレスト出版）という本を出したときのことです。この本は今ではシリーズ化されるほどになったけれど、初めて出したときは書評が真っ二つに割れたんです。

ひとつは、〝この本の内容はすべて過去に書かれている〟というもの。もうひとつは、〝苫米地の方法論は間違っている〟というもの。当事者としては〝せめて良いのか悪いのか統一してくれよ（笑）〟と思ったんだけど。

そもそも英語の世界というのはちょっと宗教じみたところがあって、自分の宗派以外のものを認めないというところがあるんです。だから、前者の人たちは、自分たちの知っている知識以外を読めない。後者の人たちは、自分の教祖の言うこと以外はすべて間違っている、という結論に至ってしまったんでしょうね。まっさらな状態で読まないと、そうやって本質を見誤ることになるわけです」

キーワード系の速読を完全に否定するわけでも、悪口を言うわけでもないけれど、と前置きしたうえで、苫米地氏は続ける。

「例えば『ザリガニの飼い方』を知りたいとしましょう。あるいは『婚活がしたい』でもいい。そして本を読んだら『ザリガニ』『結婚』しか目に入らなくなる。つまり、求めたい知識、知りたい概念がまずあってそれを本に求めることを、読書だと思っている人が多いのです。だけど、それだけなら読書はいらない。それなら（検索エンジンの）グーグルにアクセスして、キーワードサーチをしたほうがずっと早いんです。本の内容を引用するとか、データとして利用するためにならいいけれど、それは本当の意味の読書ではない。

厳しい言い方になってしまうけれど、キーワードリーディングをしているうちは〝知の世界〟ではまだまだ子ども。〝知の世界〟というのは、先人が何千年もかけて作り上げた巨大な空間です。アリストテレス、カント……数え切れない偉大な先人が作り上げた空間なんだ。そこにアクセスする方法が読書なのです。何の役に立つか、ということを考えているうちは、本当の読書はできません」

◉速読は「読まなくていい本」を見つけるためのもの

知の空間にアクセスするためには、キーワード系や飛ばし読み系の速読ではダメだという苫米地氏。では、どう読めばいいのか。

「速く読む！　それだけ。今の自分の読書速度を、5倍、10倍にする。それは訓練すればできるようになります」

苫米地氏のいう〝読む〟は一字一句、飛ばさずに読みきることを指す。

「飛ばし読みなんて論外です。それは著者をバカにしている。句読点まで含めて読むこと。例えば僕の本は一字一句ムダがないから、飛ばされる箇所はひとつもありません。それを飛ばしたり、最初からキーワードを探してページをめくるとしたら、僕だったら『おまえは何様だよ！』って思うし、他の著者に対しても大変失礼な話ですよ。書籍というのは作品なんです」

音楽で考えるとわかりやすい、と苫米地氏は言う。

「モーツアルトの音楽を聴くとしましょう。時間がないからと16倍速で聴いて『ああ、素晴らしかった』と言う人はいませんよね（笑）。天才ピアニストでも『ショパンのこの曲、音を飛ばし弾きしたよ』とか『重要そうなところだけ弾いたよ』なんてことはありえない（笑）。音楽の場合は、そうやって再現性に時間的制約があって『速聴』はできないけれど、書籍というのは時間にはしばられません。だから、どれだけ速く読んだっていいんです。ただし、一字一句速く読む。

確かに、作品とは言いがたい、読むに値しない本があるのも事実です。今は1日に200冊のペースで新刊が出ています。良い本というのは、そのうちの1冊もない。飛ばし読みやキーワードリーディングは、その書籍の中から〝読まなくていい本〟を見つけるためにあるんです。キーワードリーディングで『なんだ、この本は?』と思った本を捨てて、良い本を見つけたら、きちんと自分の速度で、一言一句読む。ただ、速度は訓練で上がるし、ちゃんと訓練して知的能力を上げれば、すべての本を1分で隅々まで読めるようになります。僕は時間を無駄にしないためにそうしています」

◉読書は、情報を得るのではなく、知的能力を上げるためにする

読書をビジネスのための義務と考えず、本当の意味を思い出してほしいと、苫米地

氏は言う。

「読書をするのは、知識の習得のためではない。その考えはやめるべきです。なんのために本を読むのかというと、知識そのものにアクセスして、知的な人になるためでしょう。簡単な言い方をすれば、何かの決断を迫られたときに、知的な判断をするためです。

本からデータは集めなくていい。グーグルがあるんだから。知能というのはデータの数じゃない。それをもとに思考して、データを運用する能力のことです」

現在は司法試験でも六法全書の持ち込みが許可されている。このことを例に出して続ける。

「六法全書を暗記したければしてもいいけれど、そもそも、そんなことを覚える必要はない。法律家にとって大事なのは、法律を覚えることではなく、法律を運用することなんですから。だから僕は大学の入学試験にもグーグルの持ち込みを許可するべきだと思っています」

日常の仕事でも、重要なのは、知識の量だけではなくそれをどうやって応用し、仕事に生かすかだ。

「それを得るためには、知の宇宙にアクセスして、その中で知的に運動することが大事。真のインテリジェンスというのはそういうことです」

　知的能力は運動能力と同じで鍛えれば伸びる性質がある。これは脳科学の面でも証明されている。

「脳で言うと、思考は運動と同じメカニズムなんです。思考は脳の前頭前野で行い、ドーパミンという運動ホルモンを使う。思考は脳にとっては情報空間での運動なんです。データの記憶は側頭葉に入るから、使う場所もシステムも、全然違います」

　運動をすればするほど上達するように、知的能力も常に訓練することで鍛えあげられるのだ。

◉せっぱつまれば誰でもできる!

　苫米地氏自身は10代の頃から速読技術を身につけている。

「ローティーンの頃からアメリカに住んでいて、学校でディベート部に入っていましたから。ディベートというのは、与えられた論題に対して、膨大な文献を読み込んで討論する〝試合〟です。だから、必然的にたくさん本を読む技術を身につけたんです。だって、知識が足りないと勝負に負けてしまうんだから。毎朝、始業時刻よりも早く学校に行って、速読の練習をしましたよ。

ディベートの勝負は論理よりも知識の量で決まるので、読書の量は当然、膨大な量になるんです。81年の論題では監獄の労働組合がテーマだったので、ありとあらゆる資料や文献を読んだ。おかげで、今でも誰よりもアメリカの刑務所について詳しいほどです」

そのおかげで、博士号を取得するときには読書スピードのハンデは感じなかったそうだ。

「大学院の場合は強制的に読まされます。読んで知識を得なければ学者として食っていけないんだから当たり前です。だから、ビジネスマンなんかが『資料に目を通す時間がない』なんて言っているのは、勝負がかかってないんだと思わざるを得ない。勝ち負けや自分のクビがかかれば、そんなことは言っていられません」

多忙な苫米地氏は今でもせっぱつまった状況をたびたび体験しているそうだ。

「例えば僕は最近、『フリー経済学入門』(フォレスト出版) という本を出したんだけど、それは〝クリス・アンダースンの『フリー』(日本放送出版協会) を批判してほしい〟という内容の依頼だったんです。ところが、忙しくてまったく忘れていて、何の準備もないまま編集者が打ち合わせに来てしまった。そこで『ごめん、トイレに行ってくるね』と言って、350ページの本を、トイレで3分くらいでバーッと読み込んだ（笑）。だいぶゆっくり読んで、批判すべきところをメモして、3分。それできちんと本ができているわけだから、試験には受かったということです。せっぱつまれば、誰でもやりますよ」

◉本に合わせて読むスピードを変える

このスピードで読むのが当たり前になっている苫米地氏だが、娯楽の読書はこの限りではないそうだ。

「村上春樹や東野圭吾の作品をせっぱつまって速く読む必要はないでしょう。そんな本はちゃんと著者の想定速度が決まっていて、速く読んでも著者は喜ばない。映画を早送りで観ても監督が喜ばないのと一緒でね。

もちろん、僕も娯楽として小説を読むときはゆっくり読みますよ。僕はどんな本も一字一句読むクセがついているから、途中で誤植を見つけたりして（笑）。それでも1時間くらいで読み終わっちゃうんだけれど。娯楽として楽しむなら、ゆっくり読んだほうが長い時間楽しめて得ですから。でも、知識の源として本を読むのなら速く、たくさん読んだほうが断然、得です。遅く読む意味はないんです」

◉【苫米地式速読トレーニング】で脳のクロックサイクルを上げる！

苫米地氏が、ハードな知的生活の中で自力で編み出した速読訓練法を紹介しよう。

「ひとつのコツは、先読み。すべての知識は文脈で判断されるから、今読んでいる行だけを意識していたら理解がだいぶ遅くなってしまう。ちょっと進んだら、また行を戻って読み直して理解するということもあるでしょう。

だから、常に視野の中で1～2行、先を見るようにする。視点を今読んでいる行の1～2行、先に置いておくんです。それでも視界には今読んでいる行も入っているはずです。人間の目はちゃんとそうできるようになってるから。そして、視点の1～2行前、すなわち今読んでるところを自分の速度で読む。このとき、目は動かさないようにしてください」

そのうち5行先、6行先と視線を置く範囲を広げられるようになる。

「慣れてくるとページの真ん中に視点を置いて、まるまる読むこともできるし、僕は2冊の本を同時に読むこともできます。3冊は無理。なぜなら手が2本しかないから(笑)。実際は、3冊になると平行して字を追うことができないから、効率が落ちるんですよね」

一字一句読めているかどうかを確認するためには、声に出して音読することもすす

苫米地式速読トレーニング

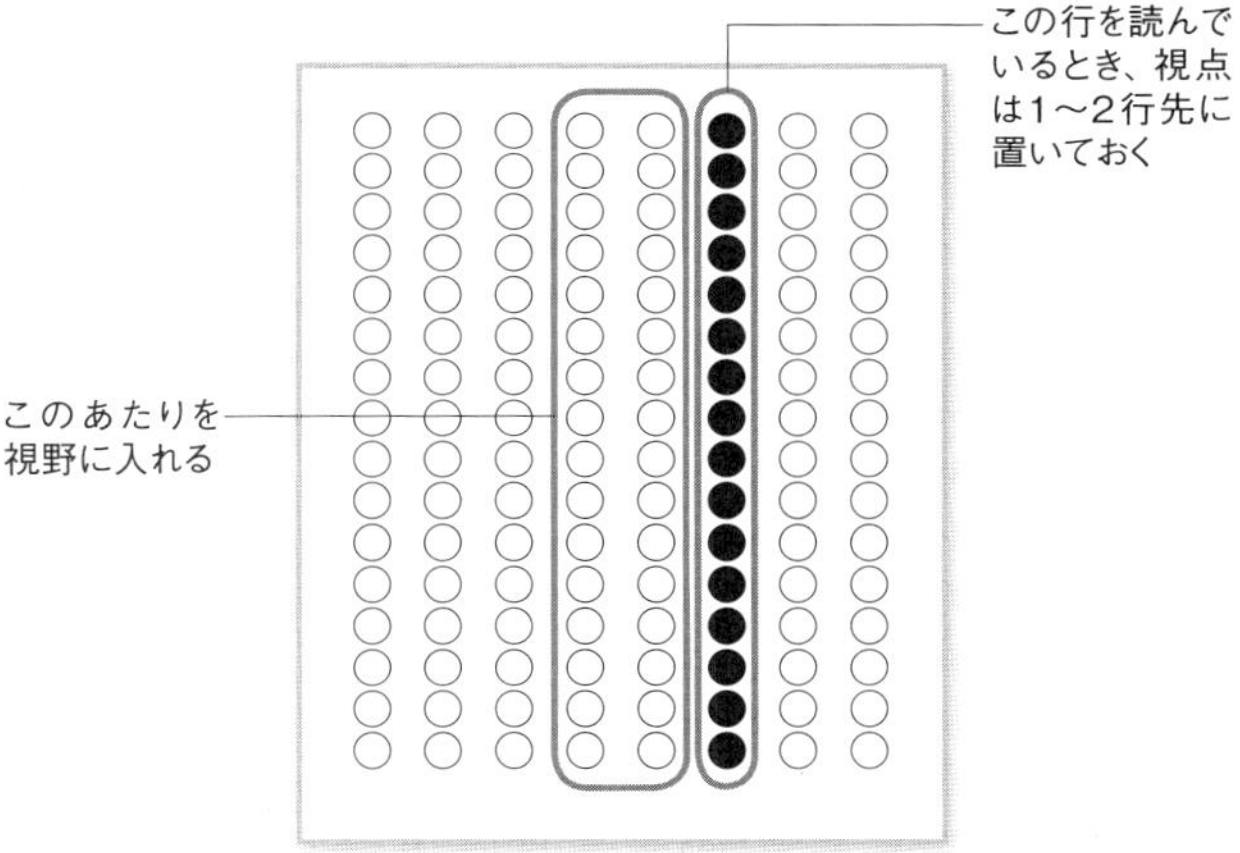
この行を読んでいるとき、視点は1〜2行先に置いておく
このあたりを視野に入れる

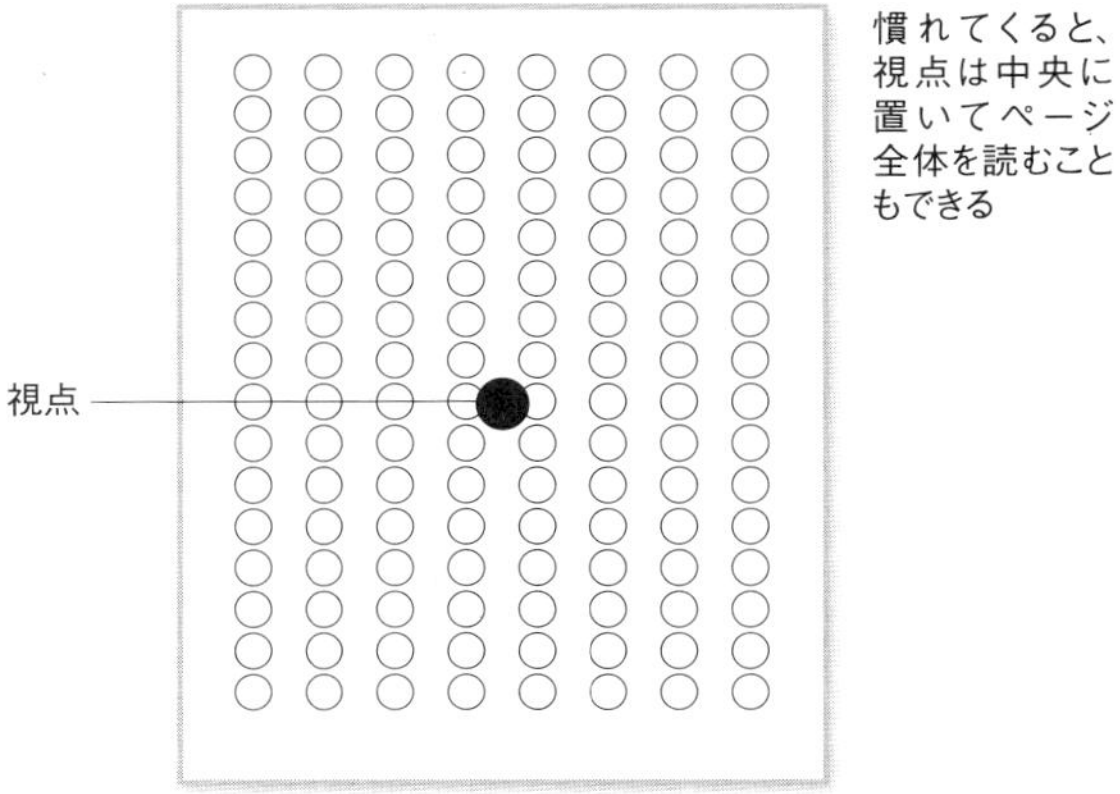
慣れてくると、視点は中央に置いてページ全体を読むこともできる
視点

めている。

「最初のうちは声に出して一字一句読み、どんどん早口になって、最終的には口の速度を超えないといけないですね。口が読む速度に追いつかなくなったら、きちんと読むことに慣れている頃だろうから、声に出して読む必要はなくなります」

◉読む速度と情報処理速度を同時に上げる

また、速読能力を上げる訓練として、レストランに入ったら、1秒でメニューを決めることをすすめている。メニューを速読し、パタンと閉じて注文を即決するのだ。

「これは脳のクロックサイクル（情報処理速度）を上げるための訓練。楽しいし誰でもすぐにできるようになるから、ぜひやってみてください」

クロックサイクルが加速すると、速読能力が上がるだけでなく、スケジュール管理能力や、仕事の並行処理能力が上がり、いくつもの仕事をこなすことができる。

「慣れてきたら、メニューをぐるぐる回しながら見て、それを閉じてから1秒後に決めるとか、工夫してみるのもいい。ただ、この方法にはちょっとだけ難点がある。できるようになると、周囲の人の注文がすごく遅く感じられてイライラしてしまうんです（笑）。でも、周囲の人をのろく感じるということは、自分の能力が上がっているという証拠だから、喜んでいい」

◉記憶するという義務感を今から捨てよう

きちんと本を読むことは大切だが、その内容をすべて記憶しておく必要はない。

「一字一句読むことによって、そこに表現された知的空間に正しくアクセスできているかどうかが重要なのであって、内容を覚えているかどうかは問題ではありません。後でほんのちょっとしか覚えていなくたっていいんです。アクセスしたという事実が重要だし、もちろん多くのことは知識として残るから、細かいことは忘れてしまっていいんです」

確かに、よく考えれば記憶にこだわることもおかしい。

「本を読んだとき、その内容を覚えておかなくちゃいけないという、不思議な義務感は忘れたほうがいい。アクセスした時点で、判断能力、知的運動能力は上がっているわけだから問題ありません。僕だって久しぶりに『種の起源』(ダーウィン)を読んだら、おおまかなストーリーは覚えていても、細かいところは忘れていましたよ(笑)」

ちなみに、これは速読でもゆっくり読んでも変らないと言う。

「1分で本を読んでも、2カ月かけてじっくり本を読んでも、読み終えた2週間後には、細かい内容なんか忘れちゃう。それが普通です」

このことを苫米地氏は、音楽で教養を深めることと同じだと言う。

「それは時間制約を伴う音楽と一緒でね。モーツアルトを聴いて、その音楽を再現できる人は非常に珍しいよね（笑）。だけど、聴いただけでもモーツアルトの空間にアクセスして、次に聴いたときにはこれがモーツアルトの曲だとわかる。それで十分に知的判断はできています。

読書は時間制限がない分、どんどん速く、たくさんの空間にアクセスできる。速読ができれば、それだけ能力も上がるということです」

その知的空間で得た判断力はビジネスの中で訪れる決断のときにも非常に心強いバックボーンになる。

ただ、現在は本の数が膨大にあることは前述したとおり。苫米地氏のようにディベートや研究で使うのでなければ、片っ端から読んでいくのは時間の無駄になりかねない。

「読んでみてつまらないな、と思ったら、途中でやめればいい。まあ、初心者ならばキーワードリーディングで淘汰することもいいんだけれど、最初は著者を絞り込んで読んでいくのも手です。好きな著者やクオリティが高いとわかっている著者なら、一字一句読むのも苦ではないでしょう。ちなみに、僕の本はどれも間違いないよ（笑）」

カリスマ コンサルタント

神田昌典さんに聞く

スキルアップと速読

多くのビジネスパーソンがスキルアップのために多数のビジネス書を読む現在。神田昌典さんはそんなスキルを数多く紹介している著者のひとりだ。しかし神田さんは、スキルだけに頼るのではなく、しっかりと段階を踏んで成長することが必要だと語る。

Profile

神田昌典

かんだ まさのり

1987年上智大学外国語学部英語科卒。89年ニューヨーク大学大学院で経済学修士、92年ペンシルバニア大ウォートンスクールMBA取得。大学3年次に外交官試験に合格し、4年次より外務省経済局勤務。退職後、コンサルティング会社、外資家電メーカー日本支社長などを勤め、98年に㈱アルマックを設立。コンサルティングや経営教育を行い、ベストセラー作家を多数輩出したほか、自らも作家として累計200万部以上の著作群を持つ。

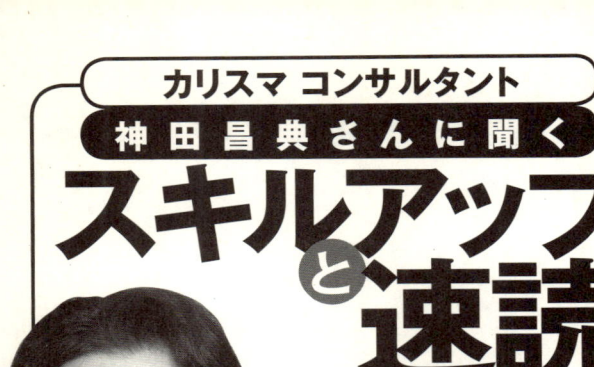

◉20代は脳ではなく、体を使え!

神田昌典さんといえば、著作の累計が200万部を超すビジネス書のベストセラー作家であり、人気経営コンサルタント。また、日本にフォトリーディング（詳細は102ページ）やマインドマップ®などのビジネススキルを紹介した立役者でもある。

しかし、冒頭、神田さんの口から出て来た言葉は、なんと「20代は本を読むな!」というもの。そして、ビジネスパーソンの成長段階とそのときどきで求められるスキルについて、神田さん独自の、極めてまっとうな主張が語られ始めた。

◉ビジネス書の受け売りで行動する困った新人

「私の会社にもビジネス書をたくさん読んで入社を希望する人がいます。ただ、実際に仕事をやらせてみるとまったくできない。言うことは言うし、レジュメもそれなりに書けるけれど、実際の仕事は全然できない人がほとんどです」

ビジネスマンとして新人にあたる22歳から28歳は、ビジネス書などでスキルを求めるよりも目の前の仕事に全力を尽くせ、と神田さんは説く。土台ができていないこの時期にビジネス書の受け売りで行動しても、単なる頭でっかちになって経験不足が露呈するだけだからだ。

神田さんは、人生を7年ごとに区切ってその世代の性格づけを行っており、この22歳から28歳の世代を「世話人」と呼んでいる（次ページの表を参照）。他の人の世話をすることで、自分が成長していく段階なのだ。

Age 22→28【世話人】

22〜28歳は世話役に徹し、上司の無理難題に全力で応えよ！

「22歳から28歳は下積みの時期。このときにどれだけ体を動かせるかが重要です。今はネットがありますから、見た目はきれいな企画書なども作れてしまう。でも、小手先の作業ばかりしていてはいけない。面倒だと思っても人に会うなど体を動かす作業をやらないと、血肉になる知識はできません。20代のときは脳（NO）なんて言うなYESと言え！（笑）脳じゃなく、行動だと言いたいですね」

例えば、仮に「企画書を作れ」と命じられた場合、自分に何が求められているのかを考えるべきだという。

人生の成長段階

年齢	アーキタイプ	ダークサイド	入り口
0～7歳	無垢 (the Innocent)	否定、抑圧、非難、根拠のない楽観、リスクテイク	安全な環境、守られたい願望、条件なしの愛、承認
8～14歳	孤児 (the Orphan)	シニカル、サディズムあるいはマゾヒズム、犠牲者になることで環境をコントロール	放棄、裏切り、犠牲、差別
15～21歳	戦士 (the Warrior)	すべてを敵対視	障害、チャレンジ
22～28歳	世話人 (the Caregiver)	殉教、罪悪感に裏付けられた行動、子供にとりこになった母親、父親	他者の必要性や依存に気付くこと
29～35歳	探求者 (the Seeker)	過度な野心、完璧主義、プライド、覚悟ができない	離別、不満足、空虚感、機会に気付く
36～42歳	破壊者 (the Destoroyer)	自己破壊（アル中、自殺等）、他者を破壊（殺人、レイプ、中傷等）	痛み、悲劇、喪失
43～49歳	恋人 (the Lover)	嫉妬、過度な執着、性的に耽溺もしくは逆に、純潔主義者	没頭、恋に落ちる（人、アイデア、理念、仕事）
50～56歳	創造者 (the Creator)	過度な創造、仕事中毒、否定的な状況を作り出すこと	白昼夢、ファンタジー、イメージ、インスピレーション
57～63歳	支配者 (the Ruler)	厳格、コントロール、操作、暴君	資源、調和、サポート、規律の不足
64～70歳	魔術師 (the Magician)	悪者の魔術師、悪い出来事がシンクロする	肉体的、精神的な病気、霊感の発現、シンクロ体験
71～77歳	賢人 (the Sage)	生意気な態度、冷酷な判断、象牙の砦、“我、関せず”	混乱、疑惑、真実が知りたいという深い願望
78～84歳	愚者 (the Fool)	自己耽溺、無責任、怠惰、大金	退屈、倦怠、もっと楽しみたいという願望

※キャロル・ピアソンとシュタイナーの人生サイクルを元に神田氏が制作したもの

「そもそも20代の若者に、クライアントに提出する正規の企画書などを任せるわけがありません。そこで、じゃあ自分に何が求められているのかとしっかりと考えるべきなのです。

自分ができるヒアリングをしてみる。誰かに会って話を聞く。独自に調査をしてみる、などなど。その答えは、おおよそ体を使うことなのです」

若いときは、単純作業を命じられることが多い。それにも大きな意味があると神田さんは指摘する。

「今はあまりなくなりましたが、例えばコピー取り。偉い人からコピーを頼まれる書類は、機密文書とか、重要なクライアント情報だったりします。こういった情報に単純作業の中で接していき、組織や社会のことを自然と理解できた。昔は上司の下書きをタイプするといった仕事もありましたが、これもすごくいいトレーニングになりました」

単純作業に、理不尽な上司からの無理難題。それらに応えようとする経験が、後々生きてくるのだ。

では「とにかく体を動かすべき」時期に、必要な能力は何だろうか。

「大切なのは、情報を正しく整理して把握すること。そして自分の考えを筋道立てて表現することでしょう。情報が多様化している今の時代には、この能力がとくに大切です」

社内に目を向けるだけでも、上司は違う会社から来た人もいれば女性の場合もあるし、外国人の場合もある。つまり背景や考え方が異なる人が混在した環境の中で仕事をしなければならない。それゆえ今は、年功序列、終身雇用の時代とは比べものにならないほど、ものごとを正しく把握する力が重要になっている。

「また、今の時代はすぐにアウトプットを求められます。話があった次の日にはレジュメを出して自分の考えを述べなければいけないというシーンが、当たり前のようにある。こんなとき、上司やクライアントの言葉を正しく理解していないのに、早合点してアウトプットを出してしまっている事例が非常に多い。これは大きな問題です」

このような事態を避けるには、マインドマップがとても役立つという。イギリスのトニー・ブザン（＊46ページの注を参照。以下同）が考案したマインドマップは、キーワードを枝葉のように書き連ねていくのが特徴だ。

「頭を整理し論点を把握するためには、『何が問題なのか』『何が食い違っているのか』『何が足りないのか』『何が重複しているのか』を知ることが必要。放射状に書いていくマインドマップは、自然とこういったポイントが把握できるのです」

上司の話というのはあっちこっちに飛ぶもの。体系立てて話してくれる人も少なく、情報は混乱するものばかり。こんな状況にマインドマップはとても有効だ。

「マインドマップは即効性があるので15分くらい見よう見真似でやってみれば、その瞬間から効果が出ます。記憶力はよくなるし、試験勉強は短時間でできるし、小学生でも成績が上がる。ですから、マインドマップを学生の頃からやっていくことはとても意味があると思いますよ」

一方、速読は、それほど重視しなくてもいいと言う。

「もちろん知っていてもいいのですが、速読もあくまでツールです。行動するための時間を作るために速読を使うのならわかりますが、重要なのは、本を読むことよりも、何をするのかということ。20代はいろんなチャレンジができるとき。そんなとき本だけ読んでわかったつもりになるなと言いたいですね。本の虫になるよりも、目の前の仕事に精を出しましょう」

神田さんは、20代のときに何度も職を変えた（＊）。その当時、若くして転職を繰り返すことなど極めて稀な社会状況だったが、20代でのリスクなど、リスクではないと考えていたそうだ。むしろ、この時期に「リスクを経験していないことのほうが、よほどリスク」と言う。

「22歳から28歳は人から学べる時期。言い換えれば、給料をもらって教えていただいている時代です。経験を積める場所にいるなら、無理にビジネススキルなどと考えるよりも、汗をかいて体を動かし、いろんな経験を積むべきなのです」

Age 29→35【探求者】

29~35歳は、探求者として膨大な情報を処理しながら自分の意見を形成する

神田さんが提唱している、幼児教育で名高いルドルフ・シュタイナー(*)や心理学者キャロル・ピアソン(*)らの考え方をベースにした世代分析によれば、29歳から35歳は「探求者」だという。自分自身の可能性を徹底的に探し求める時期だ。

「29歳から35歳というのは、基本的な仕事のやり方を理解し、次のステップとして自分の仕事を作っていこう、自分のプロジェクトを始めようという時期ですね。このステージにくれば、ビジネス書に書かれている『企画書の書き方』や『物事の整理の仕方』といったものを読んでも〝こうすればいいのか〟とわかってきます。実体験があ

るから、本に書かれていることを〝これは使える〟〝これは古臭い〟というように見極めもでき、ツールに翻弄されることもありません」

この年代は、土台ができあがってきて仕事の幅が広がる頃。従ってやりがいも大きくなるが、結婚や子育てなどプライベートも忙しくなり、なかなかすべてにおいて完璧に仕事をこなすのは難しい。

「現実問題、家庭もあるし、自分の健康にも気を遣わなければならない。やることがいっぱいある時期です。そのうえ、今は早いアウトプットを求められるシーンがとても多く、資料や情報のすべてに目を通すことなど、不可能に近い」

こうなってくると「知っているふりをする」のが精いっぱい。恥ずかしい思いをしないために、なんとかするという状況が多くなってくる。

「そうなると、どうやって手を抜くのか、限られた時間の中でどうすれば完璧を装えるのかがポイントになってきます。こんなときに便利なのが、フォトリーディングでしょう」

◉理解と意見形成が同時に行えるフォトリーディング

フォトリーディングは素早いアウトプットを求められているときにとても便利だと、

その利点を熟知する神田さんは言う。

「フォトリーディングは、あなたはこれを読んでどうしたいのかという目的設定と、その目的に応じた著者への質問、そしてその回答を得ることが一連の作業に組み込まれています。その過程において、得られる答え、得られなかった答えを選別し、さらに得られた答えについてはより深く読み込んでいく。このため、本の内容を理解すると同時に意見形成が行えます」

ビジネスパーソンは「本を読んで理解しました」ではいけない。その本を理解したうえで、自分の意見を述べなくてはいけないわけだが、このために必要なのが情報の編集術。本を読んで、疑問点を出し、そこから新たな情報を引き出すことができるフォトリーディングは、格好のツールといえるだろう。

「フォトリーディングを実践している人に、勝間和代さん（＊）をはじめ、石田淳さん（＊）、岡本吏郎さん（＊）、小堺桂悦郎さん（＊）、野口嘉則さん（＊）などベストセラー作家が多いのも、この特性ゆえのことです」

1の本にはAと書いてあり、2の本にはB、3の本にはCと書いてある、といった分析だけでは本を書くことはできない。A、B、Cを前提として、ここに自身の経験や今の社会情勢、読者の立場を踏まえた論点を導きだしたうえで、自分の考えを主張する必要がある。情報編集能力が身につくフォトリーディングは、このようなタスクに効果を発揮するのだ。

膨大な情報を処理しながら意見形成をしなければならない29歳から35歳にとって、こういったスキルこそ、もっとも頼れるものになるだろう。

Age 36→42【破壊者】

36〜42歳は、破壊者になり、他人が作った器から飛び出せ！

次の36歳から42歳の世代を、神田さんは「破壊者」と呼ぶ。

「今までは、人が作った器の中で育ってきた。でも、ここからはその器を破壊して、『本当にこの職場でいいのか？』『やりたいことをやっているのか？』『ひとりの人間としてこれでいいのか？』といった命題を考えなければいけません」

今までの器を破って、自分自身の生き方を真剣に考え、そして実践しなければならない。

「この時期に、ひとりのビジネスパーソンとしてきちんと立つことが重要。つまり、器ではなく、自分自身に客をつけていく必要があるのです。これができずに、40歳代の後半に突入したらもうアウトでしょうね」

あと10年もすれば、今よりもっと多くの優秀な外国人が日本の会社にどんどん入ってくるのは確実。力のないビジネスパーソンは、転職も厳しくなるだろう。そうなる前に、会社の看板がなくとも個人の名前でやっていける状況にする必要が出てくる。

ここで重要なスキルとは何だろうか。

「今の社会では、情報を提供したり分析するだけでは、価値になりません。今までは、1を10にする仕事にも付加価値がありました。しかしこれからは、0から1を生むのが重要視されます」

とくに個人の名前で仕事をするためには、付加価値となるアイデアとともに結果を出すことが絶対に必要だ。このためには、クリエイティブな思考法が大切になってくる。

◉「どうしたら人を幸せにできる?」という問いを持つ

神田さんが提唱するツールのひとつに「全脳思考」(＊)がある。

神田さんが考案した、行動シナリオを作り上げるクリエイティブな思考法で、キーワードは、自分よりも他人の利益を大事にする「利他」という言葉だ。

「つまり自分自身のエゴや利益のためでなく、『どうしたら他の人を幸福にできますか？』という課題に取り組むことを前提として、行動シナリオを作っていくのです。こうすると自分が見えていなかったことが他者からの視点でクリアになり、それまで見えていなかった企画がぽんぽんと生まれるのです」

例えば、最初のステップでは「未来における、顧客の120％ハッピーな状況」を詳細に設定する。こうすることによって自分の盲点が明らかになるだけでなく、別のメリットも生まれてくる。

「クリエイティブの現場では『こういう感じ』とお互い言い合いながらイメージがすれ違っていることがありますが、『○○さんをハッピーにするために行う』という出発点を持てば、終始、仕事を依頼する側、される側が共通のイメージを抱くことができ、ズレが生じません」

同じゴールをイメージできるため、異なる文化の人に何かを提案するときには、とりわけ役立つという。

◉ジャパンクオリティを支える日本発の思考法

この思考法が開発された背景には、「日本発の思考ツールを作りたい」という神田さんの想いがあった。アメリカ発のフォトリーディング、イギリス発のマインドマップといった海外のビジネスツールや思考法を日本に紹介してきた神田さんだが、これまで日本発のものはなかった。というのも、そもそも日本には、松下幸之助や本田宗一郎など偉大な先人の経営論を除けば、広く一般に使えるビジネスツールが存在しなかったのだ。神田さんは言う。

「英語というのは、もともと言語自体が論理的ですから、天才を作ることをメソッド化するのに優れているんです。だから、なんでも『ステップ1』『ステップ2』と、わかりやすく概念化でき、多くの思考法やビジネスツールが生まれるのですが、実はここから切り捨てられてしまうものも非常に多い」

例えば、体の動きを説明するにしても、アメリカだと「左足を動かす」と表現するしかないところが、日本語だと「ずずっと動かす」、「あめんぼうが水の上を動くように」などなど、表現の幅がとても広い。つまり、英語は一般化しやすいが、細かいニュアンスが伝えにくい。一方、日本語は細かい部分まで伝えられるが、一般化には不向きといえるだろうか。日本ではひとりの師がごくわずかの弟子をとって「免許皆伝」

という教育スタイルをとることもこのことに関係しているかもしれない。

「どちらが優秀とは甲乙つけがたい」そうだが、神田さんはこのような両言語の違いを念頭に置き、今までうまくいった企画を検証しながら、日本発のツールを開発しようとした。そのとき思い当たったのが、日本人がもともと持っている性質だ。

「日本人は真心や思いやりを大切にする。こういった精神で人に接するのを得意とするのが日本人、そしてアジア人だと思います。けれど今までは、このような視点から発想する思考法はありませんでした。

でも考えてみれば、人が働くモチベーションって何ですか？　人から感謝されたい。『ありがとう』と言われたい。そこには思いやりや真心が確実に存在しているはずなのです」

確かに、世界中で「安く、壊れにくく、使いやすい」と人気の高い日本製品は、日本人の思いやり精神に支えられているのかもしれない。

一方、欧米発のロジカルシンキング（＊）は、自分の利益を最大化するための分析方法。資本主義の原則に基づいているので、具体的には株主の利益をどうすれば最大化できるのかを第一に考えている。一見、効果的で万能のようにも思えるが、ここにはある種の危険が伴うという。

「ロジカルシンキングには、日本人にとって大切な真心や思いやりの入る余地がない。英語圏の人は日曜日に教会に行くので、こういった考え方を使っても精神のバランスは保たれるのですが、日本人にとっては危険です。場合によっては、精神が破壊されるケースもあると考えます」

アメリカ発の思考法は、一見、効果的だが、やはり日本人の気質や習慣にそぐわない部分があるため弊害が生まれてしまう。「全脳思考」は、英語圏的なロジカルな部分と日本の情緒的な部分を融合した思考法ともいえるだろうか。

36歳から42歳の世代が、自立したビジネスパーソンとなるために必要な、0から1を生み出す能力。この課題に対して壁を感じたのなら、「全脳思考」をはじめとする思考ツールを使ってみるのもいいだろう。

Age 43→49【恋人】

43〜49歳は、恋人になり、執着を手放し真に自由な人生を獲得しよう

36歳から42歳の年代を、神田さんは「破壊者」と呼んだ。

「破壊というのは、やはりもがいています。ただ、ここでしっかりもがくことで、やりたいことが見えてきます。破壊を通して、本当に好きなものに出会えるのです」

人生の「もがく」というステップをしっかりと踏むと、本当に好きなものに出会えると神田さんは説く。それゆえ次の43歳から49歳は「恋人」と定義されている。

「今まで当てはめられていた役割や立場を破壊し、本来の自分が何なのかを探し始める。そして、破壊した後、ようやく一生をかけられるものに出会えるのです。わかりやすい例で言うと、ビートたけしさん（＊）でしょうか。彼はお笑いをやっていましたが、事故に遭ってそれまでの自分を破壊、そして世界的な映画監督・北野武になりました」

ビートたけしこと北野武氏が事故に遭ったのは、1994年8月2日。このとき彼は47歳だった。

「破壊というと悪いイメージを抱く人が多いですが、必ずしもそうではありません。破壊というのは、執着を手放すことでもあるし、人にコントロールされていた人生を打破することでもあるのです」

多くの人が、一直線に幸せを目指す。しかし、きちんとステップを踏まないと、本当の幸せにはたどり着けない。22歳から28歳の「世話人」。29歳から35歳までの「探求者」。36歳から42歳の「破壊者」。こういったステップを踏むことで本当にやりたいことを見つけられ43歳から49歳の「恋人」へと到達できるのだ。

「生き急ぐことはありません」と神田さんは言う。ビジネススキルというのは、あくまで今を精いっぱい生きるためのツールだ。決してツールを習得することを目的と見誤らずに、本当の目的をしっかりと見定めて、今の自分に最適なツールを選んでいきたい。

そしてそのツールを使って着実なステップアップを目指していくことが大切なのだ。

注

*トニー・ブザン
1942年ロンドン生まれ。脳と学習に関する世界的な権威のひとりで、マインドマップの開発者。

*神田さんは、20代のときに何度も職を変えた
大学3年のときに外交官試験に合格。大学4年次には外務省経済局に勤務した。外務省を退職後は、経営コンサルティング会社勤務。この後、30歳で米国家電メーカーの日本代表に就任している。

*ルドルフ・シュタイナー
1861年〜1925年。オーストリア生まれの思想家。芸術を重視した小中高一貫教育で有名な「シュタイナー教育」の提唱者として名高い。シュタイナー教育では、人間の成長を7年ごとに大別している。

*キャロル・ピアソン
心理学者。著書『The Hero Within』では、人生を神話や物語に当てはめ、6つの内在する型に類型し分析している。

*勝間和代
作家、評論家、公認会計士。ベストセラーに『勝間和代のインディペンデントな生き方実践ガイド』(ディスカヴァー・トゥエンティワン)、『効率が10倍アップする新・知的生産術—自分をグーグル化する方法』(ダイヤモンド社)などがある。

*石田淳
社団法人行動科学マネジメント研究所所長。日本の行動科学(分析)マネジメントの第一人者。ベストセラーに『短期間で組織が変わる行動科学マネジメント』(ダイヤモンド社)などがある。

＊岡本吏郎
経営コンサルタント、税理士。ベストセラーに『カリスマ・コンサルタントの稼ぐ超思考法』（フォレスト出版）、『お金の現実』（ダイヤモンド社）などがある。

＊小堺桂悦郎
資金繰りコンサルタント。ベストセラーに『なぜ社長のベンツは4ドアなのか？』（フォレスト出版）がある。

＊野口嘉則
「幸せ」と「人間学」の専門家。作家。ベストセラーに『鏡の法則 人生のどんな問題も解決する魔法のルール』（総合法令出版）、『心眼力～柔らかく燃えて生きる30の智恵～』（サンマーク出版）などがある。

＊「全脳思考」
詳細については神田昌典著『全脳思考』（ダイヤモンド社）を参照のこと。

＊ロジカルシンキング
情報を決められた枠組みに従って整理する思考法。因果関係を明確にし、問題解決策を導きだすことができる。日本語に訳すと「論理的思考」。

＊ビートたけし
本名、北野武。日本を代表するお笑い芸人であったが、１９９４年にバイク事故を起こし半年間の入院生活を余儀なくされた。この後、映画監督として精力的に活動し、２００３年にはヴェネチア国際映画祭で監督賞を受賞するなど、世界的に高い評価を受けている。

★マインドマップ®は英国Buzan Organisation Ltd.の登録商標です。日本国内では、一般社団法人ブザン教育協会がマインドマップの商標権を含む知的財産権の利用を正式に認可された唯一の団体です。

ビジネス書評のカリスマ
土井英司さんに聞く

ビジネス力アップのための 読書の心得

元アマゾンカリスマバイヤーにして、ビジネス書の売り上げを左右するといわれる書評メルマガ「ビジネスブックマラソン(BBM)」の発行人。年間1000冊を読破する読書の達人の読み方は、やはりスゴかった!

Profile

土井英司《どい えいじ》

1974年生まれ。慶応大学でマーケティングを専攻し、ギリシアへの留学経験を持つ。立ち上げから参画したAmazon.co.jpで売れる本を見つける目利きとして数々のベストセラーを仕掛け、2001年に同社のCompany Awardを受賞。2004年に独立し、出版マーケティングを手がける。著書『伝説の社員になれ!』(草思社)もベストセラーに。

出版プロデューサー、ビジネス書評家として知られる土井英司氏。氏はかつて、オンライン書店最大手であるamazon.co.jp立ち上げメンバーの一人として、売れる本を見抜くその独自の視点で『ユダヤ人大富豪の教え』『もえたん』などのベストセラーの仕掛け人となり、カリスマバイヤーと呼ばれた経歴を持つ。

氏が1年365日ほぼ毎日発行しているメールマガジン「ビジネスブックマラソン」の読者は実に5万人。その中には企業経営者、メディア関係者が多く含まれ、このメルマガに取り上げられるかどうかで、そのビジネス書の売れ行きが変わるとまで言われている。

まさに今、ビジネス書を語る際に避けて通ることができない人物だが、そんな土井氏の読書量は年間で千冊以上。1日3冊のペースだ。

「速く読める本だと10分、じっくり読む本で2時間くらいで読みます」

この読書ペースはカリスマバイヤーだったアマゾン時代と変わることはないという。

1日3冊の読書というのは、生半可なペースではない。しかも土井氏の場合、毎日ビジネス書評メルマガを発行しているので、いい加減に読むことはできない。いったいどんな読み方をしているのだろう。

土井氏曰く、多くの本を読むには、まず、意識が大事。自分はこの本を読めるという意識と自信を持ち続けることだという。最後まで読み切れず「積ん読」になってしまった経験は誰しも持っているものだが、それさえも「読み切ることができる」と自信を持つことで読めるようになる。そしてもうひとつのポイントは目的意識だ。

「漫然と本を読むのではなく、この本からは○○を学び取るんだ、という目的意識を持つことが、本を読み切る力になります。その力が強いほど、速く読むこともできるし、多くの本を読むこともできる」

心得その一
プロフィールに着目して著者の得意分野だけを読め！

さて、ここまでは一般論的な話だ。しかし、次の話は、まさにカリスマバイヤー、カリスマビジネス書評家ならではの読み方といえるのではないだろうか。それは、その本のある特定のところだけ読むという土井氏独特の読み方だ。

「もともと、一冊の本を一字一句逃さずに読める人というのはいないと思います。そもそも集中力が続くはずがないし、人の意識とはそういうものなんです。だいたい、一文字も飛ばさずに読めと言われたら、読書が面白くなくなる」

では、どんなところを逃さずに読めばいいのか。

「実際に本を書いている側、作っている側からすると、一人の著者が、その本に書かれていること全てに精通しているはずがない。一冊の本の中には、その著者の本来の得意分野ではないことも含まれています。そこを見抜き、著者のいちばん得意なところだけを読む。本で大切な部分はそこに集約されています」

確かに、一冊の本の中には、著者が自分の主張を裏づけるために誰かに聞き書きして書いた部分や、データを引用している部分などがある。それらは、あえてその著者から学ばなくてもいい部分だ。そこを省いていけば、重要な部分だけが残る、というわけだ。

とはいえ、会ったこともない著者の得意分野をどう見抜けばいいのだろうか。その点の土井氏の答えは明快だ。

「著者のプロフィールを見るんです。同じ〝営業力を高める〟というテーマの本でも、実際に営業畑を歩いてきた人の本なのか、それともマーケティングの専門家が書いた本なのかによって読むべきところは当然違ってくる。

そして、例えば経理畑出身の人が書いた営業の本なら、セールストークについて書かれた部分は誰かの受け売りかもしれないので飛ばしてもいいし、バリバリの営業マンなら、数字の話をしているところは飛ばしてもいいということになります。そういうことはプロフィールだけではなく、本の帯からも読み取れます。著者の専門外のことは、その著者自身の言葉ではないことが多い。その部分は省くんです」

心得その二 ひとつのテーマで関連書を読み、知識を連結させせよ！

読む前に著者の得意部分を把握し、それ以外の部分は読み飛ばすというのは、読書において案外、盲点かもしれない。さらに、次の読み方も氏がこれまでの読書経験から導きだした方法だ。

「例えば営業戦略について勉強したかったら、関連する本を複数読む。例えば、45年以上前の本ですが『私はどうして販売外交に成功したか』（フランク・ベトガー著／ダイヤモンド社）という本があります。この本を読むと、営業で最も重要なのは、セールストークではなくスケジュール管理だとある。つまり何回お客様のもとへ足を運べるかで決まるというのです。では、他の本ではどうなのか。

すると、『手取り1655円が1850万円になった営業マンが明かす月収1万倍仕事術』（大坪勇二著／ダイヤモンド社）という本では、成功のためのツールとして最初に著者の週間スケジュールが出てくる。やはり時間管理が大事だということがわかります。次に『1000人のトップセールスに学ぶ「売れ続ける会社」の営業法則』（横田雅俊著／ディスカヴァー21）という本を読むと、ここでもスケジュール管理が重視されている。『ザ・キャッシュマシーン』（リチャード・クラフォルツ＋アレックス・クラーマン著／ダイヤモンド社）という本では、製造工程管理になぞらえて、営業工程管理を書いている。こうやって読む本を展開していくと、営業に関する知識が立体的になり、そのポイントが自ずと見えてくるのです」

土井氏はあるとき、かつてカリスマホストだった人物に「ナンバーワンになるにはどうすればいいのか？」と聞いたそうだ。その答えは「回転率です」。つまり、限られた営業時間の中で売上げを伸ばすには、ホストの世界においても回転率が最も重要というわけだ。回転率すなわち時間管理に他ならない。先に示したような本を読んでいれば、このホストの言葉がそれらの書籍に書かれていた内容と重なることが、すぐに理解できるのだ。

心得その三

童話や小説にもビジネスのヒントは隠されている！

そもそも土井氏は、なぜこれほどの量の本を読むようになったのだろうか。その原点は子どもの頃に読んだ「昆虫図鑑」だったという。

「幼い頃、昆虫図鑑を買ってもらい夢中で読みました。ただ読むのではなく、図鑑で見た虫を探しに野原に飛び出していくんです。すると、その虫を本当に見つけることができた。その感動が、〝本は現実と繋がっている〟という認識につながったんでしょうね。フィクションだって、元にあるのは現実です。本に書いてあることは絵空事じゃない、現実と深い関連がある、そう思うようになりました」

ちょうどその頃、近所の保育園が閉園になって園の蔵書を土井家でまとめて引き取ることになり、絵本をはじめアンデルセン童話、グリム童話、日本昔話など、家庭内に豊かな読書環境が整った。そして人一倍本好きになった土井少年が小学校高学年になると、父は彼に一冊のビジネス書をプレゼントした。その書名は明かしてはくれなかったが、経営者であった土井氏の父は、英才教育を施そうとしたのかもしれない。

「僕は一日も早く仕事をしたくて、中卒で働く気でいました。父の仕事を間近で見ていて、ビジネスでは経験がものをいう、だったらはやく始めた方がいいと考えていたからです。実際は中卒で働くことはありませんでしたが、中学から父の仕事場で一人で寝泊まりするようになっていたので、そのとき仕事場にあるビジネス書を読みあさりました」

家族と離れ、ひとり父の仕事場で夜を過ごしていた土井少年のパートナーは、たくさんの本だったのだ。

その頃読んだのはビジネス書だけではない。むしろ川端康成、太宰治、ヘルマン・ヘッセ、中原中也、萩原朔太郎、高村光太郎といった文学作品のほうを当時は好んで読んでいた。

文学作品というのは、一見、ビジネスとは無関係のように思える。しかし土井氏はこう言う。

「文学には、人間心理が描かれている。人間心理がわかればビジネスで役立つわけですから、僕にとっては同じなんです。そういう目で見ると、童話や昔話にもビジネスのヒントはたくさん隠されています」

その一例としてあげるのが「わらしべ長者」だ。

若者が観音様にお願いをして、一本のわらしべを手に入れる。わらしべなど何の価値もないように思えるが、観音様の言うことを〝素直に聞いて〟若者は西へ向かう。次に、アブを捕まえてわらしべに結びつける。すると、子どもが欲しがってミカンと交換することになる。これはビジネス的に見ると〝付加価値の創出〟だ。さらにのどが渇いて苦しんでいる人がそのミカンを欲しがり、高級な反物と交換することになる。ミカンと反物では釣り合わないように思えるが、ここでは〝価値は買い手が決める〟〝需要が高まっているときにはいい条件で商売ができる〟という市場原理が表現されている。さらに反物を死にかけた馬と交換することになる。ところが、その馬は、きちんと世話をすると元気になり、立派な馬になる。〝一見悪いものでも、本質がいいものならケアすればよい〟という真理が描かれている。そしていい馬に乗って歩いていると、若者は大きな屋敷の主人と出会い、その屋敷を手に入れることになる。最後の教えは〝いいものを持っていると、いい人が集まってくる〟だ。

ただの昔話として読めばそれまでだが、深読みすると立派なビジネス書として成立する。こういった例はわらしべ長者に留まらない。例えば、グリム童話の「カエルの王子」。気持ち悪いカエルとひょんなことから約束をしてしまった姫は、いやいやながらも約束は守る。するとカエルの魔法が解けて立派な王子様の姿を現す。この童話では、二つのポイントがあると土井氏は言う。

「まず、人や物を見た目で判断してはいけないということ。もう一点は、先人の言葉に従えということです。姫がいやいやながらも約束を果たしたのは、〝約束は守れ〟という父王の言葉に従ったから。王様は言い換えれば企業の社長、成功した先達なんです。その言葉には素直に従え、ということです」

ビジネスのヒントはどこに隠されているかわからない。土井流読書術にしたがえば、昔話でも小説でもビジネス書として読むことは可能というわけだ。

「わらしべ長者的に読書を語るなら、〝一見良さそうに見えない本にも得るべきところはある〟です。ただし、その得るべきところは、たくさんの本を読んでいないとなかなか見つからない」

心得その四

本は「原理原則」「現実」「事例」の3つのタイプに分けて読め!

たくさんの本を読むのにはエネルギーが必要だ。土井氏のような環境は特殊だといえるし、幼少期からの積み重ねがない場合は、土井氏が言うような得るべきところや、その本の本質を見抜くのは難しいように思える。ではどうすればよいのか。
「読む本を3つのタイプに分類して読むのがおすすめです。第一に、『原理原則（フレームワーク）』を教えてくれる本。第二に、『現実（データ）』を教えてくれる本。第三に、『事例（ケース）』を教えてくれる本。大まかにこの3種類に分けるだけでも、本質にかなり近づくことができます」

第一の原理原則を教えてくれる本には、経営学者や経済学者、マーケティング専門家などの本があげられる。ドラッカーやウォーレン・バフェット、フィリップ・コトラーなど、古典ともいえる著書群は、まさにビジネスの原理原則を教えてくれる。

第二の現実を教えてくれる本は、データが重視されている本だ。リサーチに基づいた事実が科学的に分析されたもので、リアルな現実を知るために読む。

そして、最後の事例を教えてくれる本。これは、多くの経営者、または現場の経験者たちの著書が当てはまる。いわゆる成功事例や体験談を描いた本だ。
「この3つのタイプを知っておくと、次のように読むことができます。

まず、原理原則の本で、ビジネスでは廃棄コストが重要な要素だという知識を得る（①フレームワーク）。これを現実のビジネスにあてはめて考えると、どうやらセブンイレブンの戦略に当てはまるのでは？と気づく。そこで『鈴木敏文 商売の原点』（緒方知行著／講談社＋α文庫）といったセブンイレブンについて書かれた本に当たると、セブンイレブンでは大量仕入れに加えて、徹底的な在庫管理、売れ行きの逐次管理で日々店舗の棚を更新し、廃棄コストを徹底的に下げていることが書かれている（②データ）。

そこから、さらに似たような事例がないか考えていく。すると、『売れ続ける理由』（佐藤啓二著／ダイヤモンド社）という本がある。これは宮城県の過疎地にあるごく普通のスーパーの商売を描いた本ですが、そのスーパーではなんと一日に５０００個ものおはぎが売れている。しかも1個１０５円と安い。それはなぜなのかというと、売り切ることを前提に値段を決めているから。廃棄コストを上乗せしなくていいのでこの値段でできるというのです（③ケース）。しかし普通の経営者は、売れ残ったらどうしようと考えて値段を高めに設定してしまう。するとやはり売れ残ってしまう。この事例でわかるのは、ビジネスでは「売り切ってやる」と決める勇気が大事だということ。同じ考え方として、ヤマト運輸の創業者・小倉昌男氏がその著書『経営学』（小倉昌男著／日経ＢＰ社）でいうように、創業当初赤字覚悟で宅急便の値段設定をしたという話にもつながってきます」

戦略の王道は、原理原則が書かれた本で知ることができる。その具体的な効果は現実を知る本、データが掲載された本で調べられる。そして、多くの体験談を読むことで、それを実行するために欠かせないものに気づくことができるというわけだ。

そして、土井氏がユニークなのは、本に書かれていることが本当なのか、実地取材までしてしまうところだ。このケースでは先述のスーパーの営業方法が可能かどうか、実際に近所のスーパーに行って聞いたそうだ。答えは「理想だけど難しい」だったという。

心得その五
記憶に残る読み方をせよ！

土井氏の話を聞いていると、次々と書棚から本が出てくる。「あの本はここにあったはず」「この本にはこういうことが書いてある」。土井氏は数多く読むだけではなく、読んだ本がきちんと記憶に残っているのだ。そうなるための本の読み方にコツはあるのだろうか。

「まず、繰り返すことが大事です。一回読むだけで終わらせないこと」

しかし、何度も同じ本を読むのは時間がかかる。その点、土井氏は極めて効率的だ。

「気になるところには赤線を引いておく。二度目に読むときには、赤線の部分だけを数分で読み返す。さらに私の場合、メールマガジンで紹介する。あるいは取材を受けたときに説明する。この繰り返しを行うことで、忘れなくなります」

赤線を引いて読み返すのはいいが、多くの人はメールマガジンもやっていなければ、取材を受けることもない。だが、土井氏は「例えばブログに書いてもいいし、日記でもいい。もっといいのは、人に話すこと。その場でフィードバックももらえます。スーパーで実際におはぎを売っている人に、鈴木さんの本で得た廃棄コストの話も聞いてみる。すると『うちの場合はこうだ』と貴重な生の話が聞けるのです」

心得その六
知的好奇心を持ち続けよ!

ビジネス書に精通している土井氏だが、流行りのベストセラーにもすべて目を通すという。書棚からは『くじけないで』(柴田トヨ著/飛鳥新社)、『子どもの心のコーチング』(菅原裕子著/PHP文庫)が出てきた。

「日本には今、65歳以上の人が3000万人いるといわれています。『くじけないで』

が売れていることで、その人たちが今、どういう状況に置かれているのかわかります。『くじけないで』の著者は99歳ですが、この年齢で人生を説かれると、素直に聞きたくなる。

『子どもの心〜』は、よく読むと著者の母親としての罪悪感がベースになっている。女性に売れるものというのは、「罪悪感」がキーになるというのがわかります」

土井氏は、「ベストセラーを読むのは、時代の心を読むため」と言う。なぜその本がベストセラーになるのか、何が売れる要素なのかを常に考えているのだ。そんな土井氏から見ると、昨年を象徴するベストセラー『もし高校野球のマネージャーがドラッカーの『マネジメント』を読んだら』（岩崎夏海著／ダイヤモンド社）はどう読めるのか。

「あの本は、これまでドラッカーの本を読むことがなかった層にドラッカーを手に取らせるという大きな意味を持っています。もうドラッカーは何冊か読んだという人には食い足りないけれど、それでいい。もう一点のポイントは、高校野球のマネージャーが主人公だと言うこと。ドラッカーは経営論の人なのに、高校の野球部はそもそも営利組織じゃない。高校野球部にお客様は見えていない。じゃ、お客は誰なんだ?という話になる。そこが強調されることで、ビジネスにおける顧客の重要性が訴えられているんです」

また「もしドラ」のようなわかりやすい入門書を読んだら、必ず原書に手を伸ばすべきだという。

「『もしドラ』だけを読んで、ドラッカーの『マネジメント』(P.F.ドラッカー著/ダイヤモンド社)を読まないのはもったいないですよ」

ただ漫然と本を読むのではなく、明確な目的意識、そこから何を得るのかという気持ちを意識すること。土井氏の読み方を見ていると、読書はまさに知的好奇心を満たす行為そのものだと思える。

「読書イコール知的好奇心です。それがなければ読んでも意味がない。

そもそも知的好奇心のない人はいませんが、まだ本を読むモチベーションが足りないというならば、とにかくすごい人、偉大な人の本を読むことです。経営の世界なら松下幸之助だったり、それこそドラッカーだったり。そして、そういった人の事例の中で、知っているもの、心当たりがあるもの、興味があるものがあったら、別の本で確認してみる。あるいは、自分に当てはめてみる。すごい人のエネルギーに触れると、やはり読む方もエネルギーをもらえる気がします」

まず読書の基本は量を読むことだ。そうすることでさまざまな事柄が見えてくる。

読めば読むほど、効率がよくなり、読むことも楽しくなってくる。それは、物事の本質を捉えることができるようになるからに他ならない。そして、本質がわかるようになると、不要なもの、省いても構わない事柄がハッキリとしてくる。

最後に土井氏は、これから本を読む人にアドバイスをくれた。

「いいナビゲーターを持つことです。それは他人でもいいし、自分の心の中に持ってもいい。こういう本を読んでいこう、こういう目的で読んでいこうという指針を持つこと。そういうアドバイスをくれる人がいれば、その人は大事にしたほうがいいですね。でも最後は、自分自身の心の中にナビゲーターを育てることです。そうすれば、本の読み方が深くなり、楽しくなるはずです」

誰しも、楽しい経験は忘れがたい。いやいや読んだ本と比べれば、楽しく読んだ本のほうが、内容が心の中に残るはずだ。

2章

5大速読法徹底解析!

斉藤英治「速読耳」

呉 真由美「スポーツ速読」

山口佐貴子「フォトリーディング」

栗田昌裕「SRS速読法」

寺田昌嗣「フォーカス・リーディング」

一口に速読と言ってもその手法は実にさまざま。
そこで各速読法の手法、トレーニング法を分析した。
これを読めば、速読の真実がわかる!

29万部突破のベストセラーを生んだ

斉藤英治「速読耳」

時に眉唾ものと見られることもある速読。しかし、「速読耳」と呼ばれる速読法を開発し、実際に自分自身もそのメソッドによって大きな成果をあげているのが斉藤英治博士だ。今もっとも支持される速読法を開発した博士にとって、速読とは何なのだろうか。博士の、速読に対する思いを聞いた。

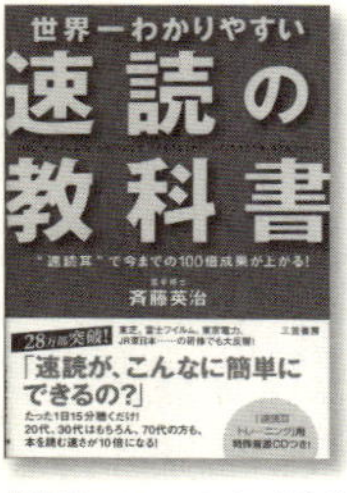

『世界一わかりやすい「速読」の教科書』(斉藤英治著/三笠書房)
斉藤氏が開発した「速読耳」と呼ばれる、だれでも簡単に速読が身につけられる方法を紹介する本。現在29万部の大ベストセラーに。

Profile
斉藤英治
さいとう えいじ

1940年生まれ。医学博士。東北大学卒業後、武田薬品工業でビタミンと脳の研究を行う。在職時から速読をはじめとする脳力開発に関する著書を多数出版。東京電力、東芝など大手企業の研修で斉藤メソッド脳力開発法が採用され、好評を博す。現在は、健康英知研究所所長として、著述、講演を中心に活動している。
◉健康英知研究所
http://www.saitohope.com/

解析1 開発者に聞く! 机の上に山積みにされた文献との格闘が、速読へと駆り立てた

2011年8月現在、29万部以上を売り上げている速読書がある。『世界一わかりやすい「速読」の教科書』(三笠書房)だ。同書は、著者である斉藤英治氏の実に30年に及ぶ速読との関わりに基づいて書かれている。そしてその内容は、ただ速く読むだけではなく、的確に内容を理解し、記憶し、活用できることを重視したものだ。このような実用的な内容になったのには、斉藤氏の実体験が深く関わっている。

斉藤氏は、かつて武田薬品工業において、ビタミンCと脳科学の研究に従事した医学博士だ。速読との出会いは、まさにその研究のまっただ中だった。

「毎日、出社すると机の上に書類が山積みになっていました。それを全て読まないと世界の研究開発の流れから取り残されてしまう。膨大な資料を読み、理解すること。それが仕事を進める前提条件だったのです」

気鋭の研究者として専門書や文献と格闘している頃、人生を変える人との出会いが

あった。それが、二度のノーベル賞受賞歴を持ち、ビタミンC研究の第一人者でもあった、分子生物学の父、ライナス・ポーリング博士だ。「初めてお会いして握手したときに、ピンときたのです。なんてすごい人だろう、と。同時に、私ももっとがんばらないとダメだと思いました」

ポーリング博士のような世界レベルの研究者とも対等に話し、仕事で成果をあげたい。それには資料を読み込むことが不可欠だが、読むべきものは山のようにあり、読んでも読んでも尽きることはない。

記念すべきポーリング博士との出会い（1980年。40歳）

斉藤氏はすがりつくように、仕事を終えた後、速読教室に通うようになった。

「30年前のことですから、今のように速読法が確立されているわけではありませんでした。その教室では、目を速く動かせ、全部均等に読めと教えられました。確かに、読むスピードは速くなった。でも、本には、山もあれば谷もある。そういった内容には関係なく、とにかく速く読め、というものだったのです」

斉藤氏はその教室で1分400字の読書スピードが1分1万字にまで上がったという。その成果を認められて、速読教室で講師をしないかという声もかかった。しかし、と斉藤氏は言う。

「頭が痛くなるんです。そして、内容が頭に残らない。ただ、活字を追っているだけ。これでは、仕事の役には立たない。1年間教室に通って、100万円ほどつぎ込みましたが、結局、ダメでした」

頼みの速読教室では成果があげられず、相変わらず大量の文献に追われる日々。そんなとき、出張したアメリカで「これなら」と思える速読法に出会う。それがニューヨーク大学ニラ・B・スミス教授の著書『Speed Reading Made Easy』だった。英語学に基づく極めて科学的な速読法であり、その方法は当時、アメリカでは大学でも教えられていた。だが問題は、英語学に基づいて構築されているため、日本語には対応していないことだった。そこで斉藤氏は、同書のメソッドを実践し、自分なりのやり方を開発していった。その結果、1988年に初の著書『月に50冊読める速読術』（徳間書店）が出版され、日本初の科学的速読法として大いに話題になったのだ。

◉インプットだけでなく、アウトプットを目的とする日本ならではの速読を開発

アメリカで「Speed Reading」が普及していた背景には、早くから情報の重要性に着目していたという点が挙げられるだろう。効率よく、多くの情報を得た者が、ビジネスでは優位に立つ。しかし情報を得るだけでは足りないと斉藤氏は指摘する。それは、具体的な成果につながる読み方ではないからだ。そこで氏はこう考えた。

「もともと、日本製品は高品質として知られ、日本は世界の工場だった。特にQC（クオリティコントロール）では図抜けていたのです。私はこのことを、速読を使った知的生産に応用できないかと考えました」

つまり、日本の優れた生産方式を知的生産にも当てはめ、優れた考えを生み出す方法をメソッド化できないかと考えたのだ。

例えば、トヨタのカンバン方式。これは納期を設定し、目標を明確化することで作業効率と正確性を向上させるトヨタ独特の生産手法だ。これを知的生産に応用すると、「アウトプットの期限を決める→そのためのインプットとしていつまでに、何を、何冊読む」ということになる。このような、ものづくり企業では当たり前になっている品質管理、すなわち価値工学（Value Engineering）の考え方を、脳を工場に見立て

脳を知的生産工場にするイメージ

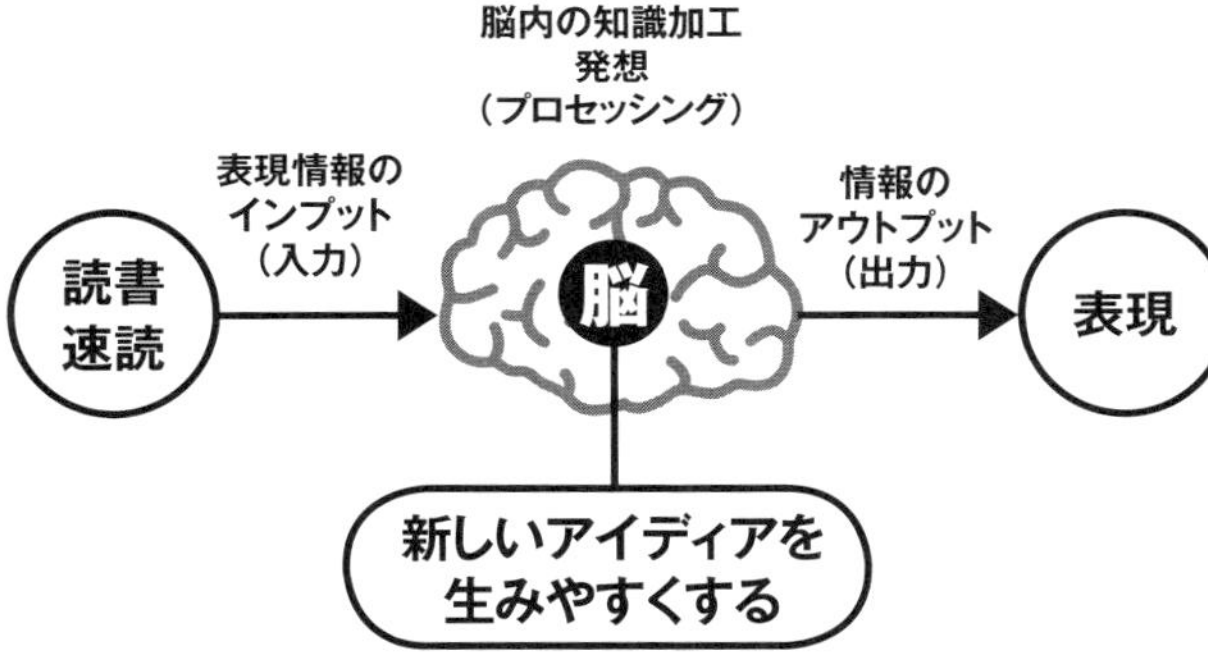

ることで知的生産に当てはめ、効率的、継続的に成果を生み出す方法を確立しようとしたのだ。

「速読の目的は、そもそも単に速く読むことではないはずです。私の場合、膨大な資料を読みこなして実際に仕事で成果を出すことが目的だった。そのように、自分自身の目的を明確にすることから品質管理は始まるのです」

工場はインプット→プロセス→アウトプットという工程を経る。一般的な工場ではインプットは原材料の仕入れであり、プロセスは加工、アウトプットは出荷だ。どの工程が滞っても、工場として役に立たなくなる。これが脳になるとインプットは「情報の入力」になる。そして「効率よく入力する手法」のひとつが速読だ。これもただ速ければいいというわけではない。加工しやすく、アウトプットしやすい情報がインプットされなければ意味はないし、無意味な情報は邪魔になるだけだ。

そして、斉藤氏がもっとも重視するのがアウトプットだ。インプットするだけでは、脳はただの情報倉庫にすぎなくなる。アウトプットして初めて「知的生産工場」となるのだ。

斉藤氏は、武田薬品工業に在職中に企画・懸賞論文で社長賞を受賞したほか、担当製品の販売倍増等に貢献した。退職後は医学会や健康科学学会の役員、大学教授として、研究論文発表や講演を行い、脳力開発や健康増進に寄与してきた。これまで実に42冊、累計90万部に及ぶ著書を出版し、東芝、富士フイルム、東京電力、中部電力、NEC、JR東日本など、日本を代表する企業での研修も実施している。このような極めて良質なアウトプットのもとになるのが、速読だったのだ。

「アウトプットの方法はたくさんあります。書く、話す、企画、提案、実行といった方法で仕事に役立てることもそうですが、極端な話、歌ったり踊ったりというのも立派なアウトプットです。良質な情報をインプットし、自信を持つことで性格が明るくなるというのもアウトプットのひとつでしょうね」

解析❷ 斉藤式速読述の考え方

脳の働きを最大限に引き出す斉藤式

速読は、〝脳〟という知的生産工場に情報を仕入れる重要な手段、と考えるのが斉藤式速読術。ではなぜ普通の読書でなく、速読がよいのかというと、理由はふたつある。

まず、そもそも原材料の絶対量が少なければ、工場は稼働しないということだ。質の高いアウトプットを実現するには、その原料となるインプットの量が確保されなければならない。しかし多くの場合、そのために費やすことができる時間は限られている。その限られた時間でインプットの量を確保するために、速読は欠かせないといえるだろう。

もうひとつは、質に関わる問題だ。どんな工場でも質の悪い原材料を仕入れていては、いかに加工工程が素晴らしくても良質の製品をアウトプットすることはできない。知的生産でもそれは同じだ。しかし情報の場合、事前に質を見抜くことは難しい。例えば、いかに世の中で高く評価され、ベストセラーとなっているビジネス書でも、すべての人にとって有用な情報であるとは限らない。そこで、「自分にとって有用な情報」

を確実にインプットし、より良質なアウトプットをするためにも量をこなすことが必要なのだ。

「ＧＩＧＯの法則」と呼ばれるものがある。ＩＴ業界でよく使われる言葉だが「Garbage In, Garbage Out」の略で「ゴミをインプットすれば、ゴミしかアウトプットされない」という意味だ。ゴミではなく宝物をアウトプットしようと思えば、宝物をインプットするしかない。斉藤氏はこれを「ＤＩＤＯの法則（Diamond In, Diamond Out)」と呼ぶ。脳の専門家である斉藤氏は言う。

「脳の神経細胞の数そのものには個人差はあまりありません。しかし、脳の働きには個人差がある。それは、脳細胞をつなぐシナプスに違いがあるからです。シナプスとシナプスのつながり、この脳内のネットワークこそが、脳の働きを左右している。

シナプスは使わないとネットワークが形成されません。多くの情報に触れ、脳に刺激を与えれば、ネットワークはどんどん作られていく。これは脳の活性化そのものです」

大量のインプットによって脳内ネットワークが充実していけば、情報の蓄積だけではなく、その活用手法も見えやすくなる。これこそが「ダイヤモンド イン、ダイヤモンド アウト」だ。このように、速読を使えば、知的生産に必要な良質なインプットが行えるようになるのだ。

◉右脳と左脳を連携させて読む

日本で定着している速読法の多くは、韓国発祥の速読術の流れを汲んでいる。その手法は、右脳のイメージ力を活かすものだ。アナログ情報である文書を一目で把握し、内容を理解するというのだが、これで本当に理解できるのか、誰もが疑問に思うだろう。

そもそも、左脳は言語情報を扱うのに長けており、論理的な脳といわれる。一方右脳は、イメージや視覚情報を扱うことに長け、直感的な認識に優れている。両者の役割を考えれば、右脳型の速読法では論理的な理解は軽視されがちになってしまう。しかしそもそも文章は論理によって成り立っているのであり、これこそ斉藤氏が多くの労力をつぎこんでも役に立たなかった速読法の問題点だ。

では、左脳型の速読のほうが優れているのかというとそう簡単な話ではない。文字を追って理解する左脳型では、スピードに限界がある。

そこで斉藤式速読術では、右脳と左脳を連携させることを提案している。鍵になるのが、記憶容量だ。右脳は左脳に比べて飛躍的に大きい記憶容量を持っている。この点を活かして、一旦、右脳にスピード重視で情報を取り込み、その後、左脳によって分析・理解する。右脳と左脳を連携させることで、速さと理解を兼ね備えた速読が実現できる。

右脳・左脳の働き

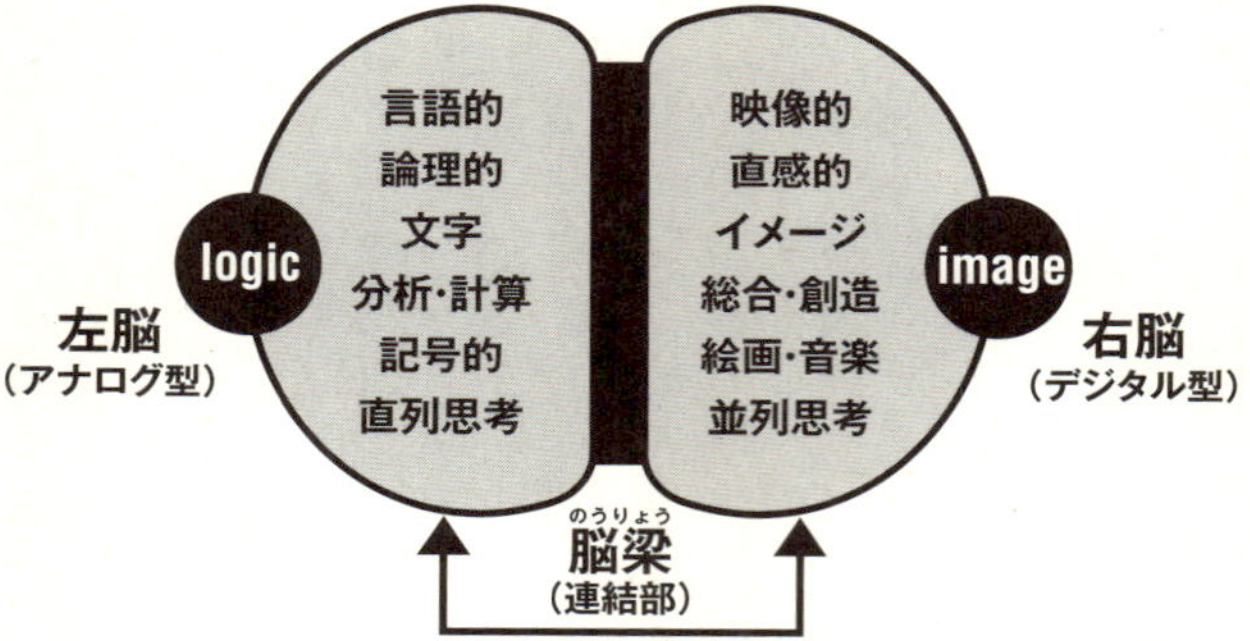

両方を使うことで相乗効果が生まれる!

具体的なトレーニング方法は、「速読耳」という、超高速で文章を聞くことで聴覚から脳に刺激を与え、脳全体を活性化させる方法によって行う。冒頭で紹介した斉藤氏の著書には特殊音源CDがついており、このトレーニングを行うことができる。

これらの考え方を踏まえて、斉藤氏は「家来の速読」から「王様の速読」への転換をすすめる。

「本を主役と考え、その本をいかに速く、いかに一字一句逃さずに読むか、というのがこれまでの速読法でした。しかしこれでは、読者は〝本の家来〟になってしまう。そうではなく、本をいかにして自分の役に立てるか、という観点で読む。本を自分の家来にする、王様の速読が大事なんです」

王様の速読は言い換えれば攻めの速読だ。「この本を読めば、何か得られるかもしれない」という受け身の気持ちではなく、「この本から○○を得る」という強い気持ちで本に相対することだ。

それは先述のクオリティコントロールにおける「目的の明確化」ともつながる。目的意識を強く持つことが速読技術を最大限に生かす鍵だ。

解析③ なぜ速読をするのか?
速読の究極の目的は、「自らが進化し、人を幸せにすること」

◉脳の活性化には情報という刺激が欠かせない

脳を知的生産工場と位置づけ、右脳と左脳の連携を意識した速読法を開発したことには、斉藤氏がもともと脳科学の専門家で、脳機能について熟知していたということも大きいだろう。

「私たちの体は脳からの指令を受けて生命活動を行っていますが、その指令系統には3つの種類があるのです。なんだかわかりますか?

1つ目は、みなさんよくご存知のように神経系統です。これはいわばものごとを考えたり、身体の各部位を動かしたりすることに当たります。

2つ目は、ホルモンの分泌です。脳からの指令によってホルモン分泌が促され、体内環境を整えます。

そして3つ目が免疫系です。免疫が働くことによって、人のからだは、1日10万個ともいわれるがん細胞の発生をおさえて病気になることを防いでいる。

一時期、脳を活性化するといって脳トレがはやったことがありますが、脳トレでは、脳のごく一部を活性化しているにすぎず、これら脳の指令システム全体を活性化することはできません。

ではどうしたら全体を活性化できるのかというと、それは〝心〟の働きによるのです。よく病は気からといいますが、これは迷信ではなく、事実です。しっかり頭を働かせている人は、病気になりにくいものです。そして、考えることで脳が活性化していると、ホルモンの分泌が活発になることがすでにわかっています。3つの指令系統は独立しているのではなく、相互に干渉し合っているからです」

脳はトレーニングによって活性化することはない。心によって活性化するのだ。そのためには、良質の情報をインプットし、自ら加工、アウトプットし続けなくてはいけない、と斉藤氏は言う。良質の情報によって脳を働かせれば、自然に、ホルモン分泌や免疫系の働きも活性化されることになる。情報こそが、脳に対する最大の刺激だといえるのだ。

「20世紀は脳の時代であり、21世紀は心の時代だといわれています。しかし、その心にしても、脳がしっかりしていないとダメ。そのためには、情報収集が大事なんです」

脳をベストなコンディションに保つため、斉藤氏は生活習慣にもさまざまな工夫をこらしている。脳の大敵は睡眠不足なので、氏の睡眠法は独特な細切れ睡眠だ。また、過労は絶対に避ける。過労になると脳が元に戻らなくなるのだという。同じ理由で休み過ぎもいけない。ほかにも、適度な運動を行うなど、健康管理は怠らない。

◉生き甲斐と目標こそが速読の推進力になる

斉藤氏がこれほど脳と知的生産にこだわるのはなぜだろう。

「人は、世の中をよくするために生まれてきたのだと思うのです。歌が得意な人は歌で、何かを作ることが得意な人は作ることで世の中をよくする。

そして、人はそのために人生を通じて進化し続けないといけないのです。進化するためには、自分に何が欠けているのかを知ること。たくさんの情報に触れて、その中から、知らないこととか、自分が知っているのと違うことを発見する。欠けている部分を発見し、補い、次のステージに入っていき、そのステージでまた自分に欠けているものを知る。これが進化のステップです。

そしていちばん大事なのは、そのときに心のニーズに従うことなのです」

速読を身につけられるかどうかは、生き甲斐を持ち、成長しようとする心を持ち続けられるかどうかにかかっていると斉藤氏は言う。

これがある人は、必然的に読書の速度が速くなり、読書量も増えていく。生き甲斐が自分自身を貪欲にし、情報や知識を求めるようになるのだ。それは、生き物が生きていくために必要な栄養素を摂るように、ごく自然なことだ。必要な知識、興味あること、どうしても知りたいことであれば、誰もが自然に、苦痛を感じることなく、本を読めてしまう。そしてそこで得た知識は、まさにスポンジが水を吸い込むように吸収されていく。速読を行うモチベーションは生き甲斐と人生の目標そのものであり、速読のテクニックは、モチベーションさえ明確ならば、自然と身についていくといっても言い過ぎではないだろう。斉藤氏にしても、速読と出会ったそもそものきっかけは仕事上の必要にかられてのことだった。そこにライナス・ポーリング博士との出会いがあり、また多くの書籍を通じて知識を蓄積していくことによって、新たなモチベーションを生み出していったのだ。

「ドイツ語にgeist（ガイスト）という言葉があります。日本語にはあまりぴったりとくる言葉がないのだけれどあえて訳すと〝英知〟になる。人生の目標は、この英知に至ることです。私は今71歳ですが、そのためにはまだまだ、やることがたくさんある。とりあえず、〝100歳100冊100万部〟という標語にしているんですが、100歳までに100冊の本を書き、100万部発行することを目標に、いまでも毎日10時間仕事をしています」

人間の年齢には4種類ある、と斉藤氏は言う。1つは、暦上の年齢、これはいわゆる生まれ年から数える年齢で、あとの3つは肉体年齢、脳年齢、精神年齢だ。このどれもが関連していて、若さを保つにはどれが欠けてもいけない。暦年齢だけはどうしようもないが、他のものは鍛えれば若さを保つことができるという（ちなみに氏はＷｉｉＦｉｔで40代の判定が出るそうだ）。

ガイスト（英知）を目指すこと、それが斉藤氏を支えたモチベーションに他ならない。速読は手段にすぎない。その手段を生かすも殺すも、本人がどのようなモチベーション、目的を持っているかに左右される。速読という手段が目的となっては本末転倒だ。斉藤氏の人生が、まさにそのことを物語っている。

ゴルフがうまくなる！ 異性にモテる！
呉 真由美「スポーツ速読」

運動経験のない女性や子どもでもなぜか時速150kmの球が打てるようになることで話題沸騰のスポーツ速読。
「誰でもできる」「毎日練習しなくてもいい」「勉強も仕事もうまくいく」と、いいことづくめの秘密は脳の活性化にあった！

『スポーツ速読 完全マスターBOOK』
（呉真由美著／扶桑社）

Profile
呉 真由美
くれ まゆみ

兵庫県出身。脳開コンサルタント協会会長。（株）オーケープロダクション所属。がんばらない速読をモットーに、全国で速読セミナーを開催。速読によって脳を活性化させることで運動神経までよくなるという、その効果が各方面で注目されている。著書に『小・中学生のための親子で簡単速読トレーニング』（扶桑社）、『スポーツ速読完全マスターBOOK』（扶桑社）、『だから速読できへんねん！～脳のブレーキを解き放て～』（生産性出版）などがある。

解析① 開発者に聞く!

「自分の挫折経験から生まれた、〝誰でも〟〝がんばらずに〟効果を実感できるメソッドです」

◉速読は「ドラえもんのポケット」

バッティングセンターで時速150㎞のボールを打つ速読の先生として話題の呉真由美さん。呉さんが提唱する速読メソッドは「スポーツ速読」と呼ばれ、本を速く読めるようになると同時に野球、ゴルフ、テニスなどスポーツの腕前がめきめき上がることで注目を集めている。

自分のことを「速読バカ」と呼ぶ呉さんは、けっしてスポーツの上達を目指して速読を始めたわけではない。かつては本が大好きな文学少女として、速読法をマスターしようとしたひとりだ。

「16歳くらいの頃でした。きっかけは、単純に本が好きで、速くたくさんの本が読めればいいなと思って、通信教育の速読講座を申し込んだんです。それがどんな練習方法だったかはもう忘れてしまいましたが、費用は月に4000〜5000円だったかな。高校生にとっては大金ですから、一生懸命、がんばりましたよ」

しかし、3〜4カ月ほどで挫折。

「まず、原因は、速読は超能力のようなものだと思い込んでいたこと。途中で行きづまったとき、速読は特殊能力だから自分にはできないと思って、諦めてしまったんです」

現在、独自のメソッドを開発した呉さんは「速読は誰にでもできる」と断言する。

「誰にでもマスターできます。というより、速読は単に本を速く読むだけのテクニックではありません。脳を活性化させることで、もともと自分が持っている能力を引き出すメソッドなんです。スポーツが上達するというのは、あくまでも引き出した能力の落としどころのひとつ。例えばビジネスに使うのであれば、ビジネス書を速くたくさん読んで自分の知識にする、その知識をもとに判断力をつけるなど、いろいろな落としどころがあります。何にでも使える、何でも出てくるという意味で、私にとっての速読は『ドラえもんのポケット』のようなものです」

◉毎日続けなくても速読はマスターできる！

呉さんは速読トレーニングについて、三日坊主でやめてもかまわないと言う。

「私が通信教育で挫折した原因のひとつに〝がんばってしまったこと〟があります。

時速150kmの速球を打つ呉さん。『だから速読できへんねん！～脳のブレーキを解き放て～』PR用DVDより

速読に限らず、何かをマスターするために、毎日少しずつでも続けるというトレーニングは多いですよね。『1日たった3分でいい』とか。でも、たった3分が続かない人のほうが多いんです。私もそうですもん（笑）。それで〝やっぱり私には無理だった〟と諦めてしまうんです。

だったら三日坊主、いや一日坊主でいい。やってみて、しばらく休んで、ふっと思い返したときに〝この前のアレ、もういっぺんやってみようかな〟と思ったときにやればいいんです。だから、私のセミナーでは期間が空くコースでも、宿題は一切、出しません。前日に〝あ、明日は速読セミナーの日やったな〟と思い出してくれれば十分です」

せっかくトレーニングをして読書速度が上がっても、サボってしまったら元の木阿弥《もくあみ》では？　と思うが、日常的に本や書類を読んでいれば、一度上がった速度はそう簡単に落ちることはない。思い出したときにトレーニングを行えば、また速度はプラスされるという。

◉いいことが起きたら全部速読のおかげにする

もちろん、あらゆる面でスポーツ速読の効果を十分に実感するには、休みながらでも継続して行うことが必要だ。

「セミナーに来る生徒さんには『とにかくいいことがあったらなんでも速読のせいにしてください』と言っています。仕事がうまくいったことはもちろん、恋人ができたなんていうことも含めてです。実際、脳を活性化させるわけですから、いろんないいことがあるわけですし。そうすることでモチベーションも上がり、ますます脳が活性化します」

解析2 スポーツ速読ってどんなもの？
脳を活性化すればあらゆる処理が速くなる！

◉本当に速くなるのは読書スピードより頭の回転

スポーツ速読法の最大の目的は、速読トレーニングを通して脳を活性化させ、自分が持っている能力を引き上げることだと、呉さんは言う。

「デキる人のことを〝頭の回転の速い人〟と言いますよね。速読の目的は、じつは読むスピードそのものだけではなく、頭の回転を速くするということなんです。そして頭の回転が速くなることが、脳が活性化された状態ということです」

脳の活性化とは、今まで動いていなかった脳を動かすということ。物を見るのは目だが、その内容を理解し、判断するのは脳の働きだ。速読トレーニングで文字を速く読む訓練をすると、連動して脳も素早く動くようになり、理解力や判断力がどんどん増す。

呉さんはむしろ、読書そのものにはこだわらない。

「例えば分厚い本を5分で読めたと自慢しても、『だからなんやねん！』って言われてしまいますよ（笑）。本を読むだけなら別にゆっくり読んだっていいんです。ただ、たくさんの本を読んで知識を身につけたり、自分の内面を豊かにするためには、脳が活性化されていないとダメですね」

◉脳の活性化によってモテるタイミングも読める

脳が活性化された結果、読むことができるようになるものは活字だけに限らない。

「脳が活発に動くことによって、その場の空気やタイミングも読めるようになります。だから進んで発言するようになるし、場をしらけさせたりしなくなる。人づきあいも楽しくなりますね」

対人スキルが上がることでプライベートも充実する。

「モテるようになりますよ（笑）。セミナーに来る生徒さんには、速読を始めてから恋人ができたり、結婚が決まったという人が多いです。脳が動いていないときはチャンスがあってもウジウジしていたり、それに気づきもしなかったのに、速読を始めて活性化されると〝俺のこと好きやな〟〝告白はこのタイミングやな〟〝そろそろプロポーズされたがってるな〟ということがわかるんです」

チャンスを逃さないことは、恋愛に限らず、夢や願望を実現させるためにも不可欠だ。

「本をたくさん読めるということはそれだけいろんな知識が得られるということですから、とっさの判断をせまられたときに迷って夢を逃がすことも防げます」

◉脳が活性化することで体も思いどおりに動く

「スポーツ速読」という名前がついているように、呉さんのトレーニングはスポーツの成績を格段に上げることで知られている。ゴルフ講師として招かれたテレビ番組では、地を這うようなボールしか打てなかった女性アナウンサーが、1回の速読トレーニングでナイスショットを連発できるまで上達した。

「ゴルフの場合、ショットもそうですが、特にパットが顕著です。それまでグリーンに乗せてから5〜6パットも必要だったのが、2パット以内でカップインするようになる人がほとんど。芝目が読めるので、失敗が減るからです」

速読によって身体能力も上がるということだろうか。

「身体能力ではなく、脳の力が上がるのです。体を動かすのは脳ですから、頭で思い描いたとおりに体が動くようになる。スポーツが上達するのはその結果です」

解析③ スポーツ速読をビジネスに生かすために

残業時間減少、トラブル回避、キャリアアップ……〝デキる人間〟になるのも夢じゃない！

◉読む速度と比例して、「脳力＝能力」が上がる

スポーツの上達のように目に見えてわかりやすい効果は、ビジネス面ではどのように現れるのだろうか。

「わかりやすい例で言えば、書類を読むのに割《さ》いていた時間が短くなったおかげで時間を有効に使えるようになり、残業が減ったという人はすごく多いです。皆さん、その時間を使って新しい趣味を始めたり、家族との時間に使ったりして自分の内面を充実させていますね」

空いた時間で資格を取り、キャリアアップする人も多い。

「単純に資格に関する本をたくさん読めて知識をつけられるということはもちろんですが、それと同時に勉強の仕方がわかってはかどるようになります」

速読をするときは本全体を見るため、視野を広げる必要もある（方法は98ページ）。

読書スピードの目安

文字／分　※学習成績で表示

2000〜3000	有名高校・大学の首席レベル
700〜2000	有名高校・大学の学生レベル
300〜700	平均的な速さ
300未満	小学生低学年レベル

このことも仕事時間の短縮に役立つ。

「仕事の細かい部分にまで目が届くようになり、小さなミスもすぐに気づきますから、トラブルを未然に防ぐことができるんです」

上の表は、平均的な読書スピードの目安だ。読書スピードに比例して能力が高いという結果が出ているのがわかる。つまり読むスピードが上がればそれだけデキる人間になるということだ。

「ただ、読書スピードには個人差があります。何文字読むとか、本を何分で読むかということにこだわることはありません。今のスピードの倍、速く読めるようになればいいんです。そうすれば、仕事の処理時間は半分で済むし、今の倍、時間を有効に使えるということ。今の段階でごく普通の結果しか出なかったとしても、トレーニングでスピードが上がれば、それだけ、トレーニングをする前より脳が活性化されたことになります。それって、すごいことだと思いませんか？」

◉立場に応じてさまざまなメリットがある

ひと口にビジネスに役立つと言っても、組織に所属している場合は、部下を統率する地位なのか、上司に従う立場なのかなど、さまざまなパターンがある。

「まず、部下の立場の人は発言力がつきます。会議ではいつもすみっこでしょんぼりしていた人が、どんどん自分の意見を言えるようになったという話はよく聞きます。これは、本をたくさん読んで知識が増えるに従って、自分に自信が出ることが一番の原因ですね。知識をもとに的確なことを言えば周囲の見る目もデキるやつだという風に変わりますから、さらに自信をつけて積極的になれる。

上司に当たる人の場合は、部下の様子をよく見ることができますから、ミスを未然に防げて、結果的に自分の仕事がうまくいきますね。さらに空気が読めてコミュニケーション能力が上がりますから、職場が円滑になります」

◉速読をマスターすれば好感度もアップする

速読によって脳が活性化することによって、性格が変わることもよくあるという。

「部下に対してイライラしなくなったという人は非常に多いんです。なぜ、人に対して怒ったりイライラしたりするかというと、仕事上のある一点しか見えていないからなんですね。だから『なんでこんなことができんのや!』とイライラしてしまう。でも、脳が活性化するとそれを〝面〟で見ることができるんです。そうすると彼らがどうしてできないのか理由がわかる。そして『彼らができないのはこのせいか、だったらこうしよう』という解決策を自分で作れる。自分のストレスがなくなるから余裕もできるし、優しくなりますよ。短気で、ずっと会社にも家族にも厄介者扱いされていたと自分でも感じていた社長さんが、速読を始めてからすっかり人気者になったという例もあります」

今すぐやってみよう! 実践トレーニング❶

⬇自分の読書速度を知る

◉6秒間で何文字読めるか計り、10倍して1分間の速度を出す

ここからは実際にトレーニングにトライしてみよう。まずは自分の読書速度を知っておこう。具体的な数字を出すことで今の自分の脳の状態がわかるし、トレーニング

後と比べることで効果が実感できるため、はげみになる。1分間で400字程度がトレーニング前の平均的な速度だ。

速度を計るために秒単位でアラームをセットできるタイマーか時計を用意する。なければ電子レンジのタイマーを使ってもOK。さらに筆記具と、書き込みをしてもかまわない読み慣れた本が必要だ。

準備ができたら、

❶6秒後にアラームが鳴るようにタイマーをセットする。
❷タイマーをスタートさせたら読み慣れた本の本文部分を6秒間読む。
❸読めた部分に印をつけ、文字数を数える。
❹読めた文字数に10をかける。その数字が1分間（60秒）の読書速度。6秒で45字読めたとしたら45×10＝450字が1分間の読書速度になる。

読み慣れた本を使うのは、初めて読む本は見慣れない漢字や内容、著者のクセなどが気になってすんなり読めず、正確な速度が出ないことがあるため。かまえずに普段どおり読むのが速度を計るときのポイントだ。

⬇目のレンズを磨く

◉ふだん動かしていない目の筋肉をほぐす

「速読するにあたって重要なのは脳であり、目はただのレンズにすぎません。でも、レンズは磨いておいたほうがいいでしょう。曇ったレンズでは文字を読むにも効率が悪いし、脳に正確な情報が伝わりません」

と、呉さん。現代人はパソコンなどで目を酷使しているわりに、眼球を支える筋肉（眼筋）を動かす機会はあまりない。そのため目に疲れがたまり、レンズが曇る原因になるのだ。

そこで速読トレーニングの前には次のページの図のような眼筋ストレッチを行い、筋肉をほぐしておく。疲れ目にも効きそうで、行った後は視界が晴れる感覚があるが、やりすぎると余計に目が疲れて逆効果になるので注意が必要だ。

また、コンタクトレンズや眼鏡はなるべくはずすこと。はずせない場合は無理をせずに行う。

1回6秒のトレーニングで各動作を1回ずつで1セット。初めて行う場合は2〜3セットを限度にする。

眼筋ストレッチをしよう!

目玉を左右に動かす

両手の人差し指を立てて顔の幅に開き、目の横に置く。顔・頭・首を動かさず、目だけで指先を右→左→右と交互にキョロキョロ見る。6秒間続けてストップ。

目玉を上下に動かす

人差し指を寝かせ、片手は額の生え際あたり、もう片方はあご先あたりに置く。顔と指の間は2～3cm離す。6秒間、上→下→上と交互に目だけで指を見る。あごを動かさないように注意。

ピント調節機能を鍛える

目のピントを合わせる役割を持つ毛様体筋という部分を鍛える。左手人差し指を顔から10cm離して目線上に置き、右手人差し指は30cm程度離して置く。指先を手前→奥→手前と交互に6秒間見る。疲れていなければ、左右の手の位置を交代させてもう一度6秒間チャレンジ。

今すぐやってみよう! 実践トレーニング❷

↓視野を広げる

◉「視野が狭い」のはNG

自分が見ることができる視野を広げることで、一気に大量の文を読むことができる。また、物理的な視野を広げることで、読書だけでなく日常生活の感覚も変わってくる。「視野の広い人、というのはほめ言葉ですよね。視野を広げればどうやって仕事をすれば効率がいいのかなどがパッとわかって、その結果、余裕が生まれます。余裕があれば怒ることもないし、みんなが平和で楽しくいられます」

次ページの上のイラストのように指を使って物理的な視野を広げるときは、指が目の端の視界から消えても、なお見えているつもりで見続けてみよう。そうすることでさらに視野は広がっていく。

その後、最初に読んだ本のページを開き、下の図のように6秒間文字を追わずにただページを眺めていく。慣れてくると眺めるだけで文字が頭に入ってくるようになる。

目の横に指を置いて限界まで横目で見る

手のひらを顔幅に開き、顔の手前10cmのところに置く。両手をゆっくり顔に近づけ、目の横ぎりぎりまで引く。両手が見えなくなっても、視界に入るようにがんばり、耳のあたりまで手を引いたら終了。見えそうで見えないものを視界に入れることで、視野は広がっていく。

本を横にすべるように見る

本を開いて最初の行を視野にとらえ、次の行へ視線をずらしながらスーッと眺めていく。1ページすべてを見終わったら次のページへ。うまくできない場合は、両手の指で1行の両端の文字を押さえて、指でなぞりながら視線を移動させるとわかりやすい。

➡数字探しゲーム

◉脳をウニュウニュと動かす

ここまでのトレーニングを終えた後、もう一度、最初に読んだ本のページを開き、同じ部分を6秒間、読んでみてほしい。個人差はあっても確実に読める量が増えているのではないだろうか。

「量もそうですが、6秒という時間が最初よりも長く感じられませんか？　時間を長く感じることができれば、同じ時間でよりたくさんのことができるというわけです」

これも脳を活性化させたことの効果だ。呉さんはこの状態を、「脳がウニュウニュしている」と表現している。

さらにウニュウニュさせるために、次ページのマスに書かれた25個の数字を1から順に見つけてほしい。何秒で全部見つけられるかがポイントだ。脳が動いておらず、視野が狭まっていると、数分かかってもクリアできないこともある。同じ配置のマスでも日によってクリア時間が異なるので、脳のチェックとして毎日やってほしい。

数字探しゲーム

23	17	12	3	21
5	14	4	19	24
18	13	9	1	7
2	8	25	16	22
10	20	6	11	15

マスの中に書かれた数字を、1から25まで順番に探し、タイムを計る。このマス目は繰り返し使ってよい。数秒で配置を把握できるまでトライしよう。

46.

情報をイメージで理解する

山口佐貴子「フォトリーディング」

「写真のように文字情報が脳に写し取られる」と誤解されがちなフォトリーディング。

その真相は、脳の働きを利用し、本から超効率的に必要な情報だけを取り出すための読書術だった!

『考える力がつくフォトリーディング』（山口佐貴子・照井留美子著／PHP研究所）

Profile

山口佐貴子
やまぐち さきこ

ラーニング・ストラテジーズ社公認フォトリーディングインストラクター。スズキ（株）、リクルート（株）でのOLを経て、1990年に（株）尽力舎を設立。化粧品、サプリメント等の通信販売事業を家事・子育てと両立させながら軌道に乗せる。2002年にフォトリーディングのインストラクターになり、現在までに3000人以上を指導する。著書に『考える力がつくフォトリーディング』（PHP研究所）がある。

解析① 公認インストラクターに聞く!
「10時間費やしても理解できなかった本がたった40分で読めたとき、フォトリーディングに魅了されました」

あの勝間和代さんも使っている速読法として一気に有名になったフォトリーディング。この速読法は1985年にアメリカの加速学習の権威、ポール・R・シーリィによって開発され、今や世界25カ国で40万人以上が学んでいるという。日本に紹介したのは本書の28ページにも登場している神田昌典氏。神田氏はこの速読法のバイブル『あなたもいままでの10倍速く本が読める』(フォレスト出版)の監修者であり、日本人初のインストラクターでもある。

そんな神田氏が2001年に初めて行った講座を受講したのが、今回取材をした山口佐貴子さんだ。山口さんはこの講座を受け、フォトリーディングに魅了されたという。

「講座で私が課題として選んだのが『人生の意味』(キャロル・アドリエンヌ著/主婦の友社刊)という352ページもある分厚い本。実はこの本には苦い思い出があったんです」

◉本の内容をペラペラと話せる！

それは講座から約2年前のこと。仕事に育児も加わり、読書に時間が割けなかった山口さんは、久々にとった5日間のバカンスで読破しようと、この本を南の島に持っていった。

「滞在中、トータル10時間かけてやっと読み切りました。しかし、帰りの飛行機で主人に『熱心に読んでいたけど何が書いてあったの？』と尋ねられたとき、なんと、何も答えられなかったんです！」

愕然とした山口さんは、読書法を改善しようと神田さんの講座を受講。そこで、10時間かけて読んだその本をたった40分で読むことになる。

「講座ではマインドマップ（思考を整理し発想を高めるための情報記録術）の書き方も教わったので、マインドマップでメモを取りながら、この本をフォトリーディングで読むと、40分間で読めました。その後、隣の席の人に本の内容を話したのですが、自分がとったメモ以上のことをペラペラと話せるのです。私は、その瞬間に心を奪われました」

この衝撃的な体験からインストラクターになることを決意。すでに3000人以上に指導し、受講者も目覚ましい成果を上げているという。

「たった3カ月の勉強で合格率6％の行政書士の資格に受かった人もいますし、半年でサラリーマンから政治家に転身した人もいます。つい先日は、定年間際の男性が大学院に合格した例もあります。平均10年以上かかるといわれる警部の資格を、SPという激務の合間に勉強して、たった1年で合格し、上司に驚かれた人もいますよ」

SPとは要人警護の仕事で、平均睡眠時間は2時間という中での合格だったという。まさに人生を変えている人続出といった様子。読み方を変えるだけでなぜこんな効果が生まれるのだろうか？　山口さんは、フォトリーディングが意識改革を促すからだという。

◉本の読み方に意識改革を！

「本は最初から最後まできっちり読まなくてはいけないものではないのです。誰かがテストでもするんですか？　しないですよね。私自身は会社経営者でもあるので、本に限らず、読むべきものが大量にありますが、それらを一から読んでいたらとても時間が足りません。フォトリーディングなら、その中から必要な情報だけを得ることができるんです」

山口さんは「本はネタにすぎない」という。自分が本当にやりたいことに気づき、そのための情報を効率よく得る手法がフォトリーディングなのだ。そのため、大量の書類を読んでアウトプットにつなげなくてはいけないビジネスパーソンや、短期間に資格を取得したい人にうってつけだという。

「ビジネスパーソンには、大きなパラダイム転換が必要なのです。自分は読書が苦手だとか、頭が悪いと思い込んでいる人にこそおすすめしたい。自分に自信が持てるし、未来に希望が持てるようになりますよ」

解析❷ フォトリーディングの考え方

「写真を撮るように本の情報を脳に送り込む」ことの真意とは!?

◉目的設定を間違うと速く読めない

フォトリーディングは、その名称から「本をぺらぺらとめくるだけで写真を撮るように内容が頭に入っていく速読法」と誤解されがちだが、実はそうではない。

「正式名称を『フォトリーディング・ホール・マインド・システム』といい、ただ本を速く読むだけではなく、脳による情報処理能力全体を高める技術です」（山口さん）。

情報処理能力を高めるとはどういうことなのか。

フォトリーディングをざっくりと言うと、あらかじめ本のページを高速でめくりながら眺め、「すでに知っている」という感覚を作り、次に読むときに「〇〇（の方法）が知りたい」などの具体的な質問を本に問いかけながら読むことで、自分が知りたい情報をすばやく的確に抽出する読書法だ。それぞれの行程の精度を高めるため、そのつど、目の使い方（フォトフォーカス）、意識集中（ミカン集中法）、情報抽出（部分読みや拾い読みなど）のテクニックを使う。これらは5つのステップにまとめることができる（109ページの図）。

この中でも、いちばんのキモになるのが、〈ステップ1〉の「本を読む目的を明確にする」ということだ。

「このステップでは、その本を読むことによってどういう結果が得たいのかを具体的にイメージします。具体的な目的があれば、効率よく読むことができるからです」

ところがこの、目的を明確に持つというのが意外と難しいという。それは、自分で考えた目的が、実は真の目的ではない場合があるからだ。

「以前、『整理術』の本を持ってきた生徒さんがいました。主婦である彼女の読書の目的は『整理上手になって家をすっきりさせたい』というもの。でもなかなか気乗りがせずにうまく読めなかったのです」

そこで山口さんは、具体的に何を悩んでいるのか尋ねた。

「すると彼女は、『子どもが片づけず散らかすことにイライラしている』と言うのです。ということは、彼女がこの本を読むのは自分が整理上手になるためではなく、子どもを整理上手にさせたい、ということのはず。ですから私は『子どもが自分から片づけるように、子どもに合った片づけ方法を学んで教えたいという目的に変更したら？』とすすめました」

山口さんは、このアドバイスを聞いたときの彼女のキラッとした表情が忘れられないという。真の目的を発見した彼女は、ぐんぐんとこの本を読めるようになった。

「このように適切な目的を設定すると、脳が情報を摂取するスピードが速くなるのです。ぜひ脳がよりやる気を出す目的を設定してください」

目的設定のコツは自分の欲求に正直であること。目的と言われるとつい「自分自身を向上させたい」といった具合にかしこまったものを設定しがち。でもここは「モテたい」「儲けたい」「業績を上げたい」など、欲求に近いものをイメージしたほうがう

フォトリーディングの5つのステップ

Step 1 準備

その本を読む目的を決める。そして「ミカン集中法」(111ページで解説)でリラックスしながらも集中した状態を作り出す。

↓

Step 2 予習

本にざっと目を通し、その本を読み進めるかどうかを決定する。

↓

Step 3 フォトリーディング

「フォトフォーカス」(119ページ)と呼ばれる目の使い方で本を見る。ページを一定のペースでめくり、内容を潜在意識に送り込む。

↓

Step 4 復習

本の中身を調査し、気になる言葉を抜き出して、著者に聞いてみたい質問を2〜3個作る。その後5分〜一晩休みをとる。

↓

Step 5 活性化

作った質問の答えとなるところを読む。「スキタリング」「スーパーリーディング&デッピング」「高速リーディング」の3つの読み方がある。

まくいくようだ。

〈ステップ2〉では実際に本の目次などに目を通し、〈ステップ1〉で認識した目的に本が合致しているかどうかを確認する。

「何かを知るために本を手にとっても、本当に目的と本がかみ合っているかどうかはわかりませんよね。また自分のレベルに合っているかも重要です。それらを確認し、場合によってはその本を読まないという選択もします」つまり、読むに値する本かどうかを査定するのだ。

〈ステップ3〉は、いわゆるフォトリーディング法。「フォトフォーカス」（119ページ参照）と呼ばれる目で〝本を読まずに眺めながら〟ページをめくり、内容を潜在意識に送り込む作業だ。

「初めての出会いというのは、緊張しますよね。情報もこれと同じで、あらかじめ出会っておくと脳になじみやすい。ここであらかじめの出会いを行うわけです」

〈ステップ4〉は質問作り。

「本の中の気になる言葉（トリガーワード）を活かして、実際に著者と話しているつもりで質問を2〜3個作ってください。『資格を取得するためのコツを3つ教えて』のように具体的な質問がいいでしょう」

そして最後が〈ステップ5〉。質問で脳を情報に対してどん欲な状態にしてから「スキタリング」や「スーパーリーディング&ディッピング」、「高速リーディング」などの方法で読んでいく。

以上のステップで脳にやる気を出させ、情報処理能力を高めるのがフォトリーディングだ。手順を説明していくと長くなるが、慣れれば簡単にできるという。具体的なトレーニング法を見ていこう。

今すぐやってみよう! 実践トレーニング❶

↓ミカン集中法

ここではフォトリーディングを実践するうえで大切な「ミカン集中法」について解説しよう。一瞬で集中した状況を作り出せるという方法で、フォトリーディング以外でも役に立つ。具体的な手順は以下のとおり。

❶椅子に座って目を閉じる。足は床につけて、肩の力を抜いて背筋は伸ばす。そして深呼吸をする。

❷手の上においしそうなミカンをひとつイメージする。

❸そのミカンの重さや色、香り、味などをイメージする。
❹そのミカンを後頭部の斜め上15センチ〜20センチの間の好きなところに置く。そのまま宙に浮かんでいるとイメージし、重さを感じてみる。
❺ミカンの位置に意識を集中させる。
❻顔や肩の力を抜いて、深呼吸をしてリラックス。そっと目を開ける。

この一連の行程を経て、体に変化を感じたら成功だ。「視界が開けた気がする」「集中しているように思える」といった反応が一般的だが、変化を感じられなくても、ミカンを後頭部に置いたことで脳は集中のモードに入っているという。この後頭部の高い位置にミカンを置くというのが、大きなポイントだ。

「ミカンの位置は、三角形のクリスマス帽を被ったとすると、その頂点にあるイメージです。みなさんが最初に想像するよりもちょっと高いところでしょうか。この高い場所を意識することの重要性は、中国の〝思考帽〟という帽子にも見られます。中国では英才教育を受ける子どもたちが、コックさんのような高い帽子を被って勉強をすることがあるそうです。これも頭の上の方を意識することで、情報を効率よく取り入れる脳の状態を作り出しているのでしょう」

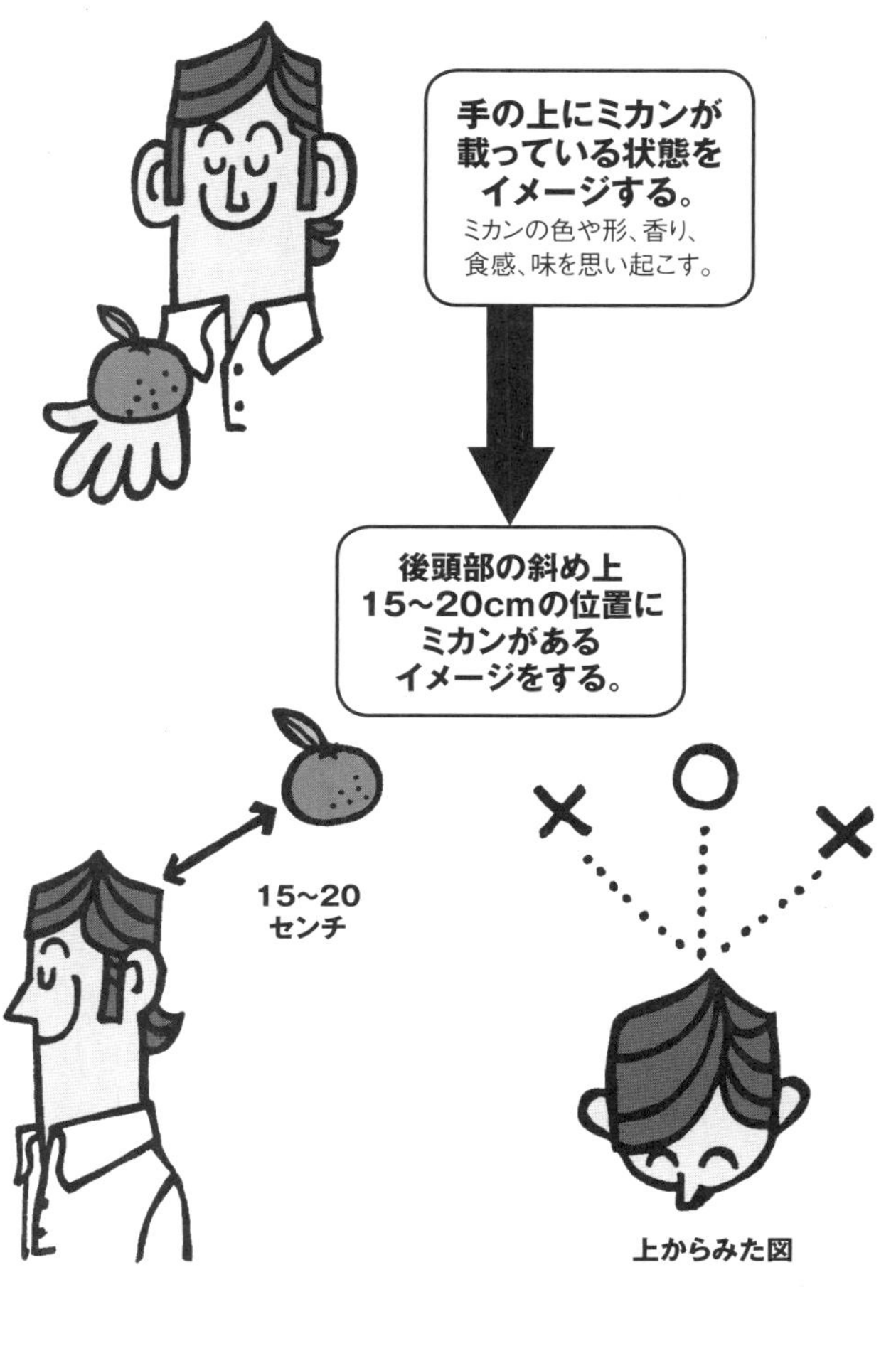
手の上にミカンが
載っている状態を
イメージする。
ミカンの色や形、香り、
食感、味を思い起こす。
後頭部の斜め上
15〜20cmの位置に
ミカンがある
イメージをする。
15〜20
センチ
×
○
×
上からみた図

確かに頭の上方を意識すると視野が開ける気がする。脳にとってこの場所を意識することは、大きな効果があるのだろう。では「ミカンである必然性」はあるのだろうか。

「講座でも『りんごじゃダメなの？』と聞かれることがあります（笑）。私も考えてみたのですが、ミカンがもつ適度な重量感、適度な安定性が大事なのではないでしょうか。あとは、誰もが想像できる匂い、存在感が適しているのでしょう」

山口さんは、本を前にすると自然にミカン集中法をしているという。その効果は、「字がクリアに見える」「視野が広くなり2、3行同時に見えるようになる」「不安で読み戻ることがなくなる」など。仕事で集中したいときは一度やってみる価値は大いにアリ！だ。

今すぐやってみよう！ 実践トレーニング❷

➡フォトリーディングを行うための手順

◉「読む」のではなく、ページを高速でめくりながら「眺める」

フォトリーディング・ホール・マインド・システムの中でもっとも特徴的なのが〈ス

テップ3〉で行う読書テクニックとしてのいわゆるフォトリーディングだろう。通常の文字を追っていく「読む」とは異なり、「フォトフォーカス」（119ページで詳細を解説）と呼ばれる目の使い方で潜在意識に情報を送り込むための読み方だ。よりスムーズに行うため、以下の流れで行う。

❶本を準備する
❷目的の確認
❸深呼吸
❹始めのアファーメーション
❺ミカン集中法
❻フォトリーディング（フォトフォーカスでページを高速でめくる）
❼終わりのアファーメーション

まず、❶は本の準備。毎秒1ページを超えるスピードでパラパラと本をめくっていくので、あらかじめよくページをほぐしておこう。カバーや帯、中に挟み込まれているしおりなども事前に取っておいたほうがよい。

❷は、目的の確認。〈ステップ1〉で決めた、本を何のために読むのかという目的をもう一度確認しよう。

そして❸は、深呼吸。息を吸うときは、体の隅々まで新鮮な空気が行き渡るイメージを。吐くときは、体の不要なエネルギーを解き放つイメージを抱きながら、大きく3回行う。深呼吸は脳を活発に動かす酸素を取り込むだけでなく、体がリラックスできる効果も高い、大事な事前運動だ。

次の❹では「始めのアファーメーション」を行う。サッカーなどで試合前に円陣を組んで掛け声をかけるように、気持ちを集中させ、自分をやる気にさせるわけだ。「私は集中しています」「情報はすべて私の頭に入ってきます」など、その文言は自分の目的に合わせてアレンジしてかまわない。宣言し、自分に言い聞かせることで脳の動きを活発化させることが大切だ。

❺は、集中するため111ページで紹介した「ミカン集中法」を行う。

❻ではフォトリーディングを実際に行う。やり方は、「フォトフォーカス」で本を見ていくわけだが、読むのではなく、視点がぼやけた状態で眺めていく。フォトリーディングをしている間は内容を記憶している感覚はないが、情報が潜在意識に残っていくという。

本をめくるときは、2秒で1回めくる速度で行う。めくる速度が遅く、ついつい本を読んでしまってはフォトリーディングの意味がなくなるので、リズミカルにこの速度を維持するのが大切だ。そのためには心の中で「ペースを♪保って♪ページを♪見ましょう♪リー♪ラックス♪リー♪ラックス♪」といった節を唱えるのも効果的だ。「最初のうちは上手にめくれずに1、2ページ飛ばしてしまうこともありますが、そのまま続けてください。大切なのはペースを守ること。落ち着いてペースを守っているとそのうち上手にめくれるようになります」(山口さん)。

そしてフォトリーディングが終わったら❼の「終わりのアファーメーション」となる。本の場合なら「私はこの情報の処理を心と体に任せます」といった言葉を。教科書なら「すべて私の頭に入ったので意味もわかり問題もスラスラ解けます」など、言葉は自分でアレンジして大丈夫。ただ、「私は」という主語を入れ、「解けます」「できます」という肯定的な言葉を現在語で表現しよう。今を前向きに捉えられる宣言をすることが大切なのだ。このアファーメーションは、よく使うので、紙に書いて机の前にでも貼っておこう。

以上がフォトリーディングの手順だ。慣れるまで難しいと感じるポイントは、ついつい本を読んでしまうことだ。

本のめくり方

「私たちは、本に焦点を合わせて読む癖が身についているので、つい読んでしまいがちですが、ここでは視点を本の向こう側にもっていってください。この段階でしっかりとフォトリーディングをしておくと、後で本を実際に読むときに格段に速く読むことができますから」

フォトリーディングの効果を信じて、視点を本に合わせないことが大切だ。

今すぐやってみよう! 実践トレーニング③

➡フォトフォーカス

ここではフォトリーディングを行う上で必要な、「フォトフォーカス」と呼ばれる目の使い方について具体的に解説しよう。

人の目の使い方には、2通りある。1つは、何か1点に焦点を合わせて見る目。もう1つは1点に焦点を合わせずに全体を見る目。この全体を見る目がフォトフォーカスで、この状態で見ると意識せずとも本の内容を潜在意識に送り込めるという。

では、簡単にフォトフォーカスができる方法を2つ紹介しよう。

方法1 目の前に伸ばした指の爪に焦点を合わせたまま、その点と目の間に本を持っていく（次ページの上の図を参照）。

方法2 手に持った本の上のふちから、その先の何かに焦点を合わせる。またはその先をぼんやり眺める（次ページの下の図を参照）。

文字がぼやけたり、二重に見えれば成功。それが正しくフォトフォーカスできている状態だ。

きちんとできているか確認する方法も解説しよう。用意するのは、Ａ４の紙。これを横長の状態にして真ん中で折り、その折り目に沿って黒い線を引く。そして、その紙を本に見立ててフォトフォーカスしたとき、１本の線が２本に見えれば成功。この２本の線がしっかりフォトフォーカスできている証拠なのだ。

◉慣れてくれば誰でもできる

この２本の線と同じようなものは、実際の本でも見ることができる。フォトフォーカスで見ると、本の中心部分に、かまぼこのように本がだぶって見える部分が現れるが、これが紙で見えた２本線と同じもので「ブリップページ」と呼ばれるものだ。

フォトフォーカスができていると、このブリップページが見えるのだが、これが見えないからといってできていないというわけでもない。

フォトフォーカスの方法❶

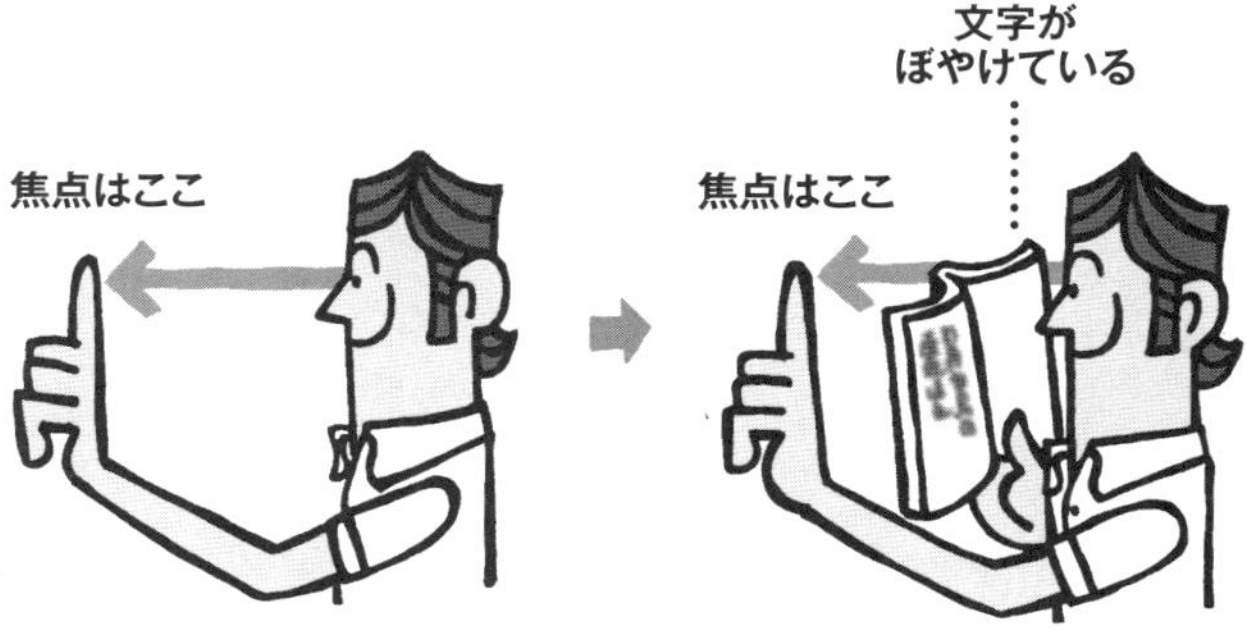

フォトフォーカスの方法❷

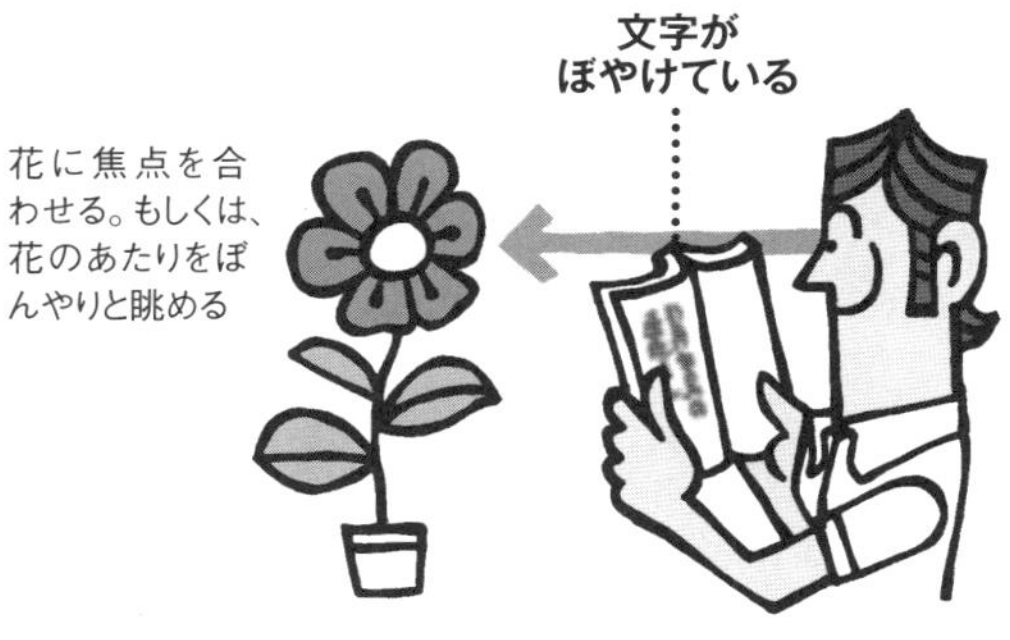

「フォトリーディングの慣れ具合にもよりますし、左右の視力に差がある場合や、目が疲れているときには、ブリップページは見えたり見えなかったりします。

大切なことは、このブリップページを見ることではなく、フォトリーディングをすること。フォトフォーカスをしていればフォトリーディングはできていますから、安心してください」

フォトリーディングをしていても、内容を理解したり記憶している意識がないため「これで大丈夫?」と不安に思うかもしれないが、しっかりと潜在意識に情報は送り込めている。

そのことは、実際に〈ステップ5〉の活性化で速読するときに体感できるので、自信を持って取り組もう。

「フォトリーディング」に

潜入体験取材を敢行してきた!!

今や日本各地で開かれている速読講座。その実態を探るべく、「フォトリーディング集中講座」（2日間合計18時間）に潜入取材。果たして、短期間で速読をマスターすることは可能なのか!?

イメージ写真

1日目 AM 9:40

受講料は2日間で10万5000円ナリ

年の瀬も押し迫る、師走の東京・飯田橋。この地で開かれる速読講座に一般の受講生として入り込み、その全貌を報告するというのが、今回の任務だ。

講座名は「フォトリーディング集中講座」。あの経済評論家・勝間和代氏もオススメするフォトリーディングを、たった2日間で学べる講座だという。

あらかじめ断っておくと、筆者が速読を体験するのはこれが初めてである。専門的な知識もいっさい持っていない。速読といえば「ページをパラパラするヤツ」というイメージしか浮かばない、正真正銘の速読ビギナーなのだ。果たして、そんな筆者でも集中講座で成果を出すことができるのか。もし出せなかったら、この企画はどうなるのか。本人も期待と不安で胸がいっぱいです……。

それにしても、まず驚いたのはその受講料だ。2日間で何と10万5000円ナリ！高い、高すぎる！　気軽にチャレンジしようって金額じゃないよ！　……がしかし。それって言い換えれば、「10万円を払ってでも真剣に学びたい」と思う人がいるってことだ。教える側も、その金額と心意気に見合ったものを提供しなければならないわけで、その自信とノウハウがあるってことか……。う～ん、速読という一生もののテクニックが身につくことを考えれば、決して高い買い物じゃないのかも。よし、行くからには絶対に習得してやる！

1日目 AM 9:45

会場に集まった受講生は全部で9人

というわけで開始15分前に、講座が開かれるビルの前に到着。思ったよりもキレイな建物だ。早速、中へ入ってみる。

「おはようございまーす！」

エレベーターを降りた途端、大きな挨拶で出迎えられる。スタッフの人たちだろうか。朝からテンション高めだ。

出席簿への署名を済ませ、おそるおそる会場を覗くと、先客が2名。1人は、いかにも「休日のサラリーマン」といった風情の男性。30代後半ぐらいだろう。もう1人は、全体にふくよかな体型の女性。落ち着いた様子で荷物を整理している。

どこでも好きな場所に座っていいようなので、とりあえず誰もいないテーブルに着席。「集中講座」なんてイカツイ名前から、塾や予備校のような無機質な部屋を想像していたが、意外に広くて開放的な会場だ。机の上には、講義で使う教材や資料がすでに用意されている。

お互いに知らぬ者同士、しばしの沈黙が流れる中、後から入室してきた1人の女性が積極的に会話を始める。本日の講師の先生だ。ホームページで顔を確認してきたから間違いない。講義が始まるまでの間、雑談がてら受講の理由や目的などを確認しているようだ。ちなみに、彼女だけは筆者が体験取材であることを知っている。が、そのことで特別扱いはしてくれないらしい。待遇は、あくまで一般の受講生と同じ。そういう取り決めになっている。

午前10時、講義スタート。終了は午後7時予定なので、約9時間の長丁場である。2日間で計18時間。これほど長い時間机に向かうのは、学生のとき以来だ。

会場を見回すと、受講生は筆者を含め9人にまで増えている（うち女性が2人）。意外に年齢層は幅広い。20代前半から50代半ばぐらいまで含まれていそうだ。みんなこの不景気の中、10万円という大枚をはたいて、速読を習得しに来ているのである。受講生が全部で9人というのはいささか少ない気もしたが、懇切丁寧に教えてもらうことを考えたら、これぐらいの人数でちょうどいいのかもしれない。

1日目
AM 10:05

受講中はパワーネームで呼び合うのがルール

講義は、フォトリーディングの開発者ポール・R・シーリィの略歴や、講師の先生の自己紹介などから始まった。イヤな緊張感はなく、みんなリラックスして聞いている。机の上に置いてある立体パズルを組み立てたり、用意されたお菓子を食べながら受講してもオーケーらしい。さすがアメリカ生まれの速読術である。

そのことをさらに実感させてくれたのが、パワーネームの存在。受講生はお互いに名前がわからないため、もれなく首からネームプレートをかけているのだが、そこに書かれているのは本名ではなく、その人の「目標とする人物」あるいは「憧れている人物」の名前なのだ。ある者は世界的大富豪の名前を、またある者は人気マンガの主人公の名前をブラ下げている。受講中は、相手をそのパワーネームで呼ばなければいけない。初対面のいい年をした大人たちが「バ◯ェットさん」「ル◯ィさん」などと呼び合う光景は、なかなかに気持ちの悪いものがあった。筆者は悩んだ挙げ句、海外の有名なサッカー選手の名前を拝借することにした。

続いて、パワーネームを使った受講生の自己紹介へ突入。これまた、「最後は必ずみんなでYEAH！ と叫んでから拍手しましょう」という、何ともアメリカンなノリ。だんだんと速読講座に参加しているのか、怪しい自己啓発セミナーに紛れこんでしまったのか、わからなくなってくる……。まだしもの救いは、周囲の受講生の大半が筆者と同じように照れ臭さを隠しきれずにいたこと。よかったよかった、みんな日本人なのね。

序盤の講義ではこのほか、「脳の活性化」や「既存の読書法からの脱却」などについて語られた。

印象的だったのは、「本の中で必要な情報は、全体の4～11パーセントしかない」という話。もしそれが事実ならば、僕らライターの仕事の96パーセントって、いったい何!? やさしさ成分ですか？

えー、まだ速読を体得していらっしゃらない読者のみなさまに悲しいお知らせがございます。あなたが今、読んでいるこの部分は、おそらく「4～11パーセント」以外です。

1日目 PM 12:10

脳の潜在能力を使ってページを心に写し撮る

1時間ごとに10分程度の休憩をはさみながら、講義は続く。

お次は、講師の先生によるフォトリーディングのデモンストレーション。百聞は一見に如かず、というわけだ。

慣れた手つきで本を開き、パラパラとページをめくっていく。とても読んでいるとは思えない。あれで本当に内容を理解できているのか。

説明によれば、フォトリーディングは読むというよりも、見るという感覚に近いらしい。

脳には秘められた能力が膨大にある。例えば、同じ14文字のひらがなでも「をぬぽしらわそうががらほぬ」と「にちようびのてんきははれです」では、後者のほうが素早く読み取れる。これは脳が勝手に文字を情報処理し、文章を組み立てるからだという（講義ではプロジェクターを使って、実際にこの能力を体験させられた）。そうした脳の潜在能力の数々を意図的に使用し、本のページを「心の写真に撮って」いくのがフォトリーディングなのだとか。

1日目 PM 4:50

いよいよ実践に移るも手応えはイマイチ……

午後2時に食べた遅めの昼食が、いい感じに睡魔を運んでくる頃。いよいよ本格的なフォトリーディングの練習に入る。

フォトリーディングによる速読システムには、大きく分けて「①準備→②予習→③フォトリーディング→④復習→⑤活性化」という5つの段階が存在するのだが（詳しくは本書102ページ「フォトリーディング」の項を参照のこと）、目玉は何と言ってても本をパラパラとめくっていく「③」の部分である。

ここでのポイントは主に2つ。

1つは、ページをめくるリズムを常に一定にすること。これが案外、難しい。1秒間に1見開き程度のペースで行うのだが、思ったように紙が手につかない。周囲の受講者の中にも、悪戦苦闘している人がチラホラ。あらかじめカバーを外し、ページを丁寧にほぐしておくなど、工夫の余地はあるのだが、こればっかりは慣れが必要かもしれない。

もう1点は、ページ上に目の焦点を合わせないこと。本の内容は、ボヤーッと見えているだけでいい。そう、フォトリーディングでは文字を読まないばかりか、きちんとページを見てもいけないのである。目の焦点は、本よりも遠い位置にズラしておく。すると、本の綴じ目がダブって見えてきて、「ブリップページ」と呼ばれる細い筒状のページが浮かんでくる。その状態を保て、というのだ。

言われたとおりに、焦点を遠くにしてみる。が、ダメ。どうしても目が文字を追ってしまう。目の前に本を置きながら、それを読むなというのだから、何とも厄介な注文である。

それでも何度かチャレンジするうちに、コツがわかってきた。

「見える、見えるぞ、ラ○ァ！　私にもブリップページが見える！」

そんな気分である。しかし、この状態を維持するのが、さらに困難。ちょっとでもページをめくる手を意識してしまうと、もうダメ。突然、大きな写真やイラストが出現してもダメ。「そもそも、これって読めてるの？」なんて疑問を持ってもダメ。結局、集中力を保ったまま、1冊を読み切ることはできなかった。

最後の休憩は午後6時。講義が始まってから、はや8時間が経過したことになる。

しかし正直に言って、ここまででフォトリーディングが身についた感じはまったくしない（ページをめくるのと、焦点をボカすのだけはうまくなった気はする）。1日目の終わりに、同じ机に座った者同士で感想を話し合う時間が設けられたが、その場でも「読めている感じがしない」「本の内容が理解できていない」「やり方があっているのか不安」という声が挙がっていた。みんな多少の疑問は感じ始めているようだ。「もしかして自分だけが取り残されているのでは？」という筆者の心配は杞憂だったらしい。一方で「やっぱり2日で速読なんて体得できないのでは……」という新たな懸念がよぎる。

さてさて、どうなる「フォトリーディング集中講座」。潜入体験取材は、2日目へと続く。

潜入取材の感想

1日目のまとめ

◎受講生は男性のほうが多く、意外に年齢層が広かった（20代前半〜50代半ばぐらい）。

◎フォトリーディングはアメリカ生まれなので、随所にテンション高めのリアクションを要求される。

◎非日常的な空間の中で、普段と違った視点で学ぶ「場」作りをしている。

◎脳には隠された能力がたくさんある。それを解放するのが速く読むためのコツらしい。

◎素早くページをめくっている間は、焦点を合わせてはいけないのだが、これがとても難しい。
◎初めて体験した感想は「本を読んだ気がしない」「内容がわからない」。これで本当に大丈夫なのか!?

2日目
AM 10:00

顔ぶれ変わらず、アットホームな空気が漂う

昨日と同じ会場で、2日目の講義開始。顔ぶれも変わっておらず、9人全員が皆勤賞。部屋全体に、そこはかとなくアットホームな雰囲気すら漂い始めている。聞いたところによると、受講生の何人かは昨夜の講義終了後、講師の先生と一緒に晩ご飯を食べに行ったらしい。そこでは「フォトリーディングに投資した10万円を実社会でどう回収するか」なんていうシビアな話まで飛び出したようで、すっかり打ち解けた様子だ。お互いをパワーネームで呼び合う姿も、ごく自然に見える。

こうした「異業種交流会」的なやりとりも、講座に参加するメリットなのかもしれ

ない。何しろ参加者は全員、「10万円を払ってでも、速読スキルを身につけたい」と思っている人たちばかり。総じてビジネス意欲や社会的地位は高い。ここでの出会いが、現実の仕事につながることもきっと少なくないはず。

ちなみに筆者はと言うと、昨夜は帰宅して風呂に入り、そのままベッドへと倒れこんだ。異常に眠かったのである。フォトリーディングに関してはいまだ曖昧な手応えしかないいが、1日目の講義によって「脳が普段使っていない部分」を刺激されたことだけは間違いないようだ。それほど脳ミソ全体が疲労し、ドロのように眠りこけた。おかげで宿題に出されていた「まだ読んでいない本を家でフォトリーディングしてくる」という作業は、朝30分早く来場して行うハメになった。

2日目 AM10:15 フォトリーディングの全容がようやく見える

2日目は、フォトリーディングのシステム（正式名称を「フォトリーディング・ホール・マインド・システム」という）における仕上げの部分、「活性化」について主に語られていった。

フォトリーディングでは、文章を読んで軽く「復習」した後、5分～24時間ほどの休息が求められる。その間は、物理的に本の側から離れなければいけない。これを「生産的休息」という。

あらためてページを開くときは、予習や復習の段階で自分が感じていた疑問や、キーワードとなりそうな言葉（これを「トリガーワード」と呼ぶ）を再確認し、関連しそうな箇所をあらためて読み直す。

その際、「スーパー・リーディング」「ディッピング」「スキタリング」などと呼ばれる手法も用いられる。これらについては長くなるので詳述を避けるが、平たく言ってしまえば文章を「飛ばし読む」ためのテクニックである。

ここまでやって、さらに「この本を詳しく読みたい」と思うなら、最初から最後まで1行ずつ読み進めてみる。何度も開いている本なので、馴染み感もあり、かなり高速で読めるようになっているはず。

というのが、一連の流れだ。ここまで来ると、ようやくフォトリーディングの全容が見えてくる。

要するにこの速読術は、一度にすべてのページを「完全コピー」するような超人技ではなく、全体を把握してから拾い読みしていくという形の「究極の読書時間節約術」なのだ。

2日目 PM 2:20

トータル・パッケージになっているのが強み

というわけで、フォトリーディングの構造をものすご～く単純化してしまうと、次のようになる。

目の前にある本の表紙や目次に目を通す。最初から1ページずつ、全部めくってみる。気になる箇所に戻って読み直す。全部読む。

念を押すが、これはものすご～く単純化した表現である。実際には、各段階においていろいろと複雑な手続きがあることをお忘れなきよう。

とはいえ、多少なりとも本を読み慣れた人なら、たぶん誰でも似たような工夫をしているはずだ。「この本の要点はどこか」「面白い部分は何か」などと考えながら、全体を俯瞰し、必要のないところは軽く読み流してしまう。

フォトリーディングは、この作業をとことん突き詰め、もっとも効率よく「重要な4～11パーセントの情報」を読み取るために収斂された技術と言えるかもしれない。

講師の先生からは何度か「空手の型」という言葉が発せられていたが、まさしくそのとおりだと思う。フォトリーディングの強みは、速く読むための流れをトータルでパッケージングし、「型」に落としこんでいる点にあると非常に感じた。

例えば「本の目次からキーワードを探す」という作業は、大勢の人が無意識にやっているはず。しかし、そこから読書の目的を設定し、全体をフォトリーディングしてから、記憶を保存するなんていう人はまずいない。「生産的休息」もしない。「活性化」もしない。１つの作業で終わってしまう。

空手で正拳突きばかりをいくら鍛えても強くならないように、速読の技術も１つだけでは限界がある。効率も悪い。やはり重要視すべきは全体の流れ、つまり「型」なのだ。

さらに付け加えるなら、「型」は実戦を経てこそ磨かれる。フォトリーディングの真価も、本を読めば読むほど発揮されていく……に違いない（現在確認中）。うむ、思ったよりも奥が深いぞ、フォトリーディング！

2日目 PM 3:30

1行目から読まなくても目的は達成できる

「でも、それではページをめくるフォトリーディングの部分は、不必要なんじゃないですか?」

昼食を食べた後の睡魔が、またもや心地よく脳を支配し始めた午後3時過ぎ。一人の男性受講生から、おもむろに質問の声が挙がる。

要点だけを読めばいいのなら、目次からその部分だけを探し出せばいいのであって、パラパラとページをめくる作業はいらないのではないか、という指摘だ。なかなか鋭いツッコミである。

昨日から感じていたが、この場にいる受講生は、意外と冷静に講義内容を分析している。アタマから「速読はすごい」と思いこんでいるようなタイプは少なく、どちらかと言えば「どれほどのものか確かめにきた」というニュアンスの人のほうが多い印象だ。もちろん同時に「高い金を払っているのだから元は取るぞ」という意気込みも伝わってくる。

さて前の質問の答えについてだが、これは講義中に何度も登場している「脳の潜在能力の活用」と、全体を見渡すことで「その本への既視感を高める」といった効果を狙ううえで必要らしい。前者については、まだ実感は沸かないが、ここまでの体験で後者については何となく理解できてきた。

以下は筆者の勝手な解釈ではあるが、普段テレビを観ているとき、こんな経験はないだろうか。

番組のオープニングから、盛り上がっているシーンのダイジェストが何度も映される。期待して待ってみるのだが、いつまで経ってもそのシーンは登場しない。やがてコマーシャルまたぎの多さに飽きがくる。番組の終盤に差しかかり、やっと本編が流れるも、さほど期待すべき内容ではなかった。あるいは、そのシーンが待ちきれずに別のチャンネルを観ていたら、放映が終わっていた。

この場合、想定した番組の面白さを享受できないうえに、それを観ていた時間を丸ごと損させられている。

ではもし、これが録画した番組だったらどうか。一旦早送りにして最後まで確認してから、お目当てのシーンだけを巻き戻すという方法を取れる。そのほうが、明らかに時間短縮につながる。

フォトリーディングの「読み飛ばし」というのは、これに近い感覚のように思えた。本を購入した理由は何か。その答えが書いてある箇所はどこか。そこさえ理解できれば、読書の目的はほぼ達成されているのではないか。1行目から時間をかけて読むのは非効率であり、途中で挫折する危険性をはらんでいる。なら、やめてしまおう。その代わりに……という話なのだ。

2日目
PM 5:30

講義が終了し全員に受講証明書が贈られる

講義も終盤にさしかかり、フォトリーディングにも、ずいぶんと慣れてきたように思える。長さや内容の異なる文章を何度も読み取り、受講生同士で発表し合うという行為を繰り返す間に、手際よく情報を処理するカンどころみたいなものが、何となく見えてきたのだ。もしや「フォトリーダー（＝フォトリーディングできる人）」に近づいているのか!?

２日目に習得したテクニックの中でもっとも興味深かったのは、「マインドマップ」。イギリスの教育者、トニー・ブザンが開発したこの思考技術は、人間の発想を放射線状に図解していくというもの。日本でも一時期ブームになった。フォトリーディングとこの「マインドマップ」は相性がいいとのことで、本の予習や復習の際、何度も活用してみた。

巷に「マインドマップ」だけを教える講座が数多く存在することを考えると、フォトリーディングと一緒に学べるというのは何だかお得な気分である。しかも、これが大変便利。１枚の紙に自分の考えがまとめられるので、企画書の作成やスケジューリングなど、さまざまなビジネスシーンで活用できそうだと感じた。

それと、こちらはかなり序盤で教わったのだが、「ミカン集中法」というのも実生活で役立ちそうだった。目を閉じて、後頭部の上にミカンが浮かんでいる状態を想像するという、ちょっと変わった集中法なのだが、講義の間、本を開くときは必ずこれを義務づけられた。いざ実践してみると、確かに集中できる。やり方が単純なだけに、使い勝手もいい。実はこの原稿も「ミカン集中法」をやってから書き出されている。心なしか筆の運びもいいようだ。たぶん気のせいだろう。

午後6時50分、フォトリーディングの受講証明書が全員に手渡され、講義終了。講

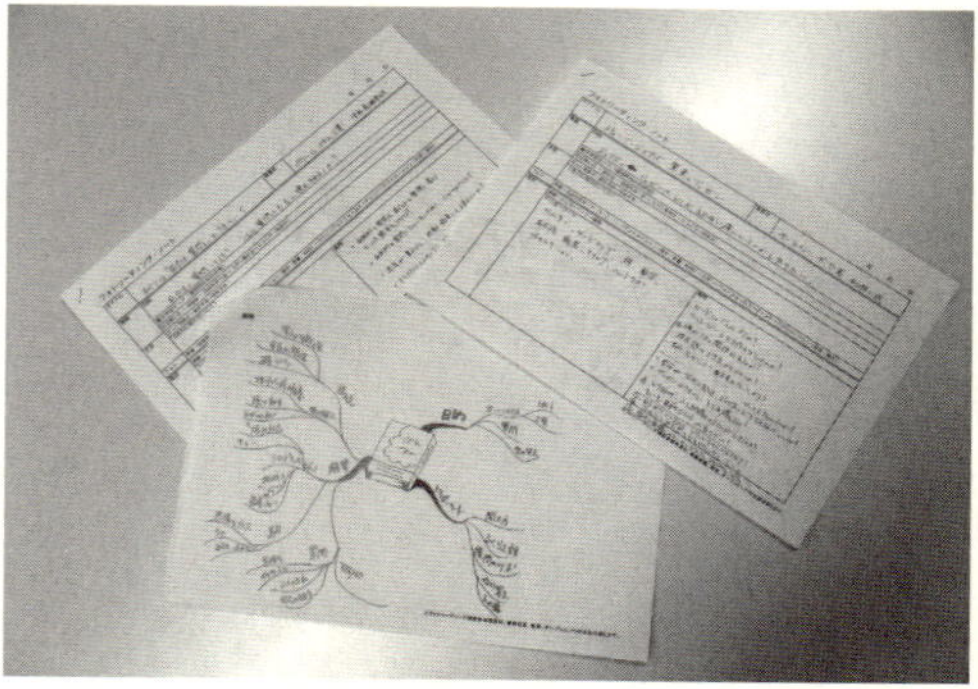

講義中に作成した「マインドマップ」（手前）と「フォトリーディング・ノート」2枚。この中に本を読む目的や、気になる単語などを書き込むことで、読書効率を向上させていく。

師の先生曰く、この能力が習慣化するためには21日程度の時間が必要らしい。その期間は復習を怠ってはいけないそうだ。

最後に感想を一言。読むスピードだけでなく、ビジネススキル全般が上がったような2日間だった。せっかくなので、がんばって続けていこうと思います。終わり。

潜入取材の感想

2日目のまとめ

◎受講生同士の交流が、新たなネットワークを生み、ビジネスにつながっていく可能性アリ。

◎フォトリーディングの優れた点は、速く読むための技術を「型」に落としこんだところにある。

◎なんだかんだ言って、文章を素早く読み取る能力は、2日間で飛躍的に向上した。

◎「マインドマップ」や「ミカン集中法」など、日常に役立つスキルをたくさん習得することができた。

◎能力が習慣化するまでに21日（＝3週間）程度かかるので、反復を怠ってはいけないそうだ。

直観力を磨いてビジネスに勝つ力を養う

栗田昌裕「SRS速読法」

人類を導いてきた根本の能力を伸ばすことによって速読が可能になるというSRS速読法。「1冊1分」という驚異のスピードはどうすれば身につくのか!?

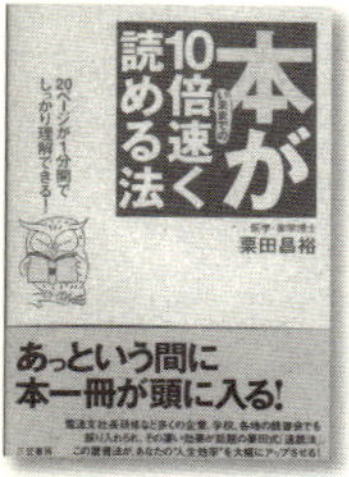

『本がいままでの
10倍速く読める法』
(栗田昌裕著/三笠書房)

Profile

栗田昌裕

くりた まさひろ

1951年生まれ。東京大学理学部卒、同大学院修士課程修了(数学専攻)、同医学部卒。内科医。群馬パース大学大学院教授。日本で最初に速読検定一級に合格した速読界の草分け的存在。SRS研究所にて速読法などさまざまな能力開発研修を行っている。『本がいままでの10倍速く読める法』(三笠書房)など著書多数。

解析❶ 開発者に聞く！

袋小路に入ってしまった人類の進化を再開するための速読

◉言葉が人類の進化を止めてしまった

上級者になれば1冊の本を1分という超高速で読みながらも、その本に書かれた内容や世界観を深く理解し、鮮明な記憶に残すことができるというSRS速読法。開発者の栗田昌裕氏は、日本で最初の速読検定一級（1分間に1冊、約10万字の本を読み、内容についての試験を受ける）の合格者で、速読の草分け的存在だ。東京大学附属病院に内科医として勤務していた栗田氏が速読法を編み出したのは、交通事故に遭ったのがきっかけだった。

「1985年の夏、旅行中に車にはねられ、長期入院をしなくてはならなくなりました。入院期間をベッドの上でただぼーっと過ごすのはもったいないと思い、できるだけたくさんの本を読むことにしたのです」

入院中に1日1冊の本を読む中で、速読法を自然に開発していった。退院後、速読検定三級（1分間6000字。単行本10ページくらい）を受けてみたところ、難なく合格。その後、二級（1分間3万字。単行本3分の1くらい）、一級（1分間10万字。単行本1冊くらい）と合格していった。

「1分に1冊」という超スピードで本を読んでも内容を深く理解できるのは、文字を読むときの脳の使い方を根底から変えているからだという。SRS速読法では文字を読むときに、言語や文字情報を認識する脳の領域を使わず、空間やイメージなど視覚情報を認識する領域にインプットしていく。しかし、なぜ脳の視覚情報を認識する領域を使うのか。

「現代人は言語能力に長けています。けれど言語能力ばかりを使うあまり、ほかの能力を眠らせてしまっています。例えば直観する力です」

直観とは、過去のあらゆる体験、知識、情報を総動員してものごとを認識すること。多くの人は直観を持ってはいるものの、言語能力を偏って用いるあまり錆《さび》つかせてしまっている。というのも直観は人間の持つ原始的な能力で、非言語的な「無意識の領域」から生み出されるためだ。

「昔の人たちは、人間が本来持っている直観を存分に生かして危険を察知したり、進むべき方向を見極めたりしてきました。つまり、環境適応力が高かった。私は、環境適応力すなわち知性と考えています。

そもそも人類が地球上で繁栄できたのは、時間と空間を捉える能力を発展させてきたからです。自分たちの種族が今どのあたりにいるのかを知り、『あっちに行くと危険だ。こっちに行くといい場所があるぞ』といった空間的知性を持っていたのです。また、季節の巡りなどの時間変動もキャッチしていました。

この時間と空間を捉える能力のもとになるのが目です。人類の長い歴史の中で、人間は目の能力を用いて情報を取り入れ、生き延びてきた。けれど、それが文字と音をくっつけた音韻言語を使うようになってから、目から取り入れた情報を頭の中でいちいち言葉に置き換えて知的作業をするようになってしまった。そこから人類の進化は袋小路に入ってしまったのです」

◉直観を磨き直せば蝶の動きも予測できる

空間能力や直観などの非言語的能力を十分に働かせることができるようになると、多くの情報を感じ取ったうえで、俯瞰した視点から的確な判断を下せるようになる。

ビジネスシーンなら、現時点で起こっているばらばらな現象を敏感に察知して「3年後を考えて、Aの事業を縮小しながらBの事業にシフトチェンジしていこう」といった判断力を発揮できるようになる。

　その極めつけは、栗田さんが毎年行っている蝶の移動予測だ。

「毎年、アサギマダラという蝶の移動を観測しています。マーキングした蝶を福島で飛ばしたあと、『今年はどのようなルートを通って飛んでいくのか』『3カ月後にはどこを飛んでいるのか』と予測を立て、その場所で待つのです。気候や風向きなどの自然条件やアサギマダラの〝心〟を感じ取っているので、予測したとおりに1000㎞以上も離れた場所で同じアサギマダラに再び出会うことができる。こんなことができるのも、非言語的能力をフル稼働させて情報を感じ取り、直観を生かした判断をしているからです」

　これらの能力は、SRS速読法のトレーニングを入り口にして開発していける能力だという。

「1分間に5000字、1万字と文字を読むスピードを速くすることで、知性を加速させる。すると、言語能力の向こう側にある広大な非言語的能力を活用できるのです」

解析②　SRS速読法ってどんなもの？

黙読型の読書をやめ、1分5000字を突破する！

◉「音の読書」から「光の読書」へ

「直観をも磨けるような速読力を身につけるには、文字を読むときに、頭の中で黙読をする『音の読書』から抜け出して、潜在意識を活用する非言語的な『光の読書』へと切り替えることが必要です」と栗田氏は話す。

一般的な読書スピードは1分間に平均800〜900字。このスピードは小学校高学年から変わらないという。私たちは文字を読むことを学んで以来、読むときに黙読の回路を働かせるようになった。けれど、文字と音をくっつけた読み方をしているうちは速読ができない。

「黙読のスピードが800〜900字なのは、『話す』ことに時間がかかるためです。NHKのアナウンサーは1分間に300字のスピードで朗読をします。それを黙読にしたところで、たいしてスピードは上がりません。文字を読むときに黙読の回路を働かせずに視覚的な回路だけでインプットしていけば速いはずなのに、わざわざ余計な回路を働かせてしまっているわけです」

目を1行1行動かしながら読む「1行読み」も速読を邪魔する原因。

「目を左右に動かす作業は速くやろうとしても1分間に80〜100往復。単行本の1行は約40字です。そのため1行ずつ文章を読んだところで、1分間に4000字が限界。それ以上速く読もうとすると、飛ばし読みをすることになってしまいます。けれど私の定義では4000字では速読とは呼べません。5000字を超えたところからが速読です」

これまでの読み方をいくらスピードアップしたところで、1分間に5000字を超える速読はできない、というのが栗田氏の主張なのだ。

◉速読を支える6つの力

速読をするためには「光の読書」への移行が不可欠だ。その第一段階は「面の読書」。ページに書かれている文字を1行ずつ追うのをやめて、「面」で捉えてまるごとインプットしながら理解していく。最初は2行読みから始め、3行、4行と一度に捉える範囲を広げる。これができるようになると、1分間に5000字から5万字のスピードで読める。

音と意味で言葉を捉える「音の読書」から　ページを空間として捉える「光の読書」へ

カタツムリ読書

毎分300字程度で1字1字ゆっくり読む。小学校の低学年程度。

シャクトリムシ読書

毎分1000字程度で1行ずつ読む。通常の成人の読書。

音の読書

表面意識で中心視野から読む、毎分5000字未満の遅い読書。1行読みが特徴。速読ではない。

面の読書

文字の配置を画面的に捉え、2行以上ずつ読む初級速読の方式。毎分数万字程度。

蝶の読書

ページの広がりを空間の出来事とみなして読む、上級速読の方式。

光の読書

潜在意識と周辺視野を活用して多行読みをする、毎分5000字以上の高速読書。これが本当の速読。

次の段階が「蝶の読書」。意味を理解するというよりも、書かれていることを〝瞬時に体験する〟ような読み方だ。この段階になると1分間に10万字（約1冊）の速読が可能になり、読んだことが体験として刻まれるため鮮明な記憶として残せる。

これらの光の読書ができるようになるためには、速読を支える6つの力を総合的に鍛えることだ。関節や筋肉の働きを示す「運動系」、自律神経の働きを示す「自律系」、感情や情緒の働きを示す「感情系」、感覚やイメージの働きを示す「心象系」、知的能力や認知能力を示す「言語系」、潜在意識の働きを示す「潜在系」をそれぞれ活性化しながら、心身全体の能力を高めていく。

「従来型の『音の読書』では、脳の大脳皮

質を使っています。脳の表層部分にあたり、高次機能を司っています。一方で脳の深い位置にある脳幹や間脳は原始的な脳で、低次機能を司っています。この原始的な脳を現代人は錆つかせてしまっていますが、ここを活性化させるのです」

ＳＲＳ速読法では、あとで紹介する「指回し体操」や「眼球訓練」などをすることで、速読力を高めていく。一見関係がなさそうに思えるこれらのトレーニングこそ、錆ついた脳を効率的に活性化させ、速読を支える6つの能力と加速力を磨く。

「実際に私が行う速読の研修では、朝から晩まで10時間以上の講習の中で、文字を読ませるのは60分程度。残りの時間は、指回し体操をはじめとする100種類を超えるトレーニングをしています。文字を読む訓練ではないのに、1泊2日の研修で当初の10倍以上のスピードで速読ができるようになるのです」

解析③ SRS速読法を身につけるためのポイント

「確《かく》の目」「大の目」「光の辞書」を使って言語の向こうの世界へ

◉ちゃんと、大きく、速く見て、本質を捕《つか》まえる眼力を磨く

速読には眼力を鍛えることが欠かせない。眼力とは、「見ることを通じて本質を捕まえる力」だ。まずは対象をちゃんと見る「確の目」を養おう。

「毎日生活をしている中で、ほとんどの人は『ちゃんと見る』ということができていません。例えばレストランの片隅に梅の花が飾ってあったとします。そこで3時間過ごしても案外花があることに気づきません。仮に気づいたとしても『花の開き具合はどんなふうで、枝ぶりはどうだった？』と聞かれると答えられない。ちゃんと見るためには、目に映るもの一つ一つに意識を持っていき、ありありと見ることです。色合い、フォルム、質感など、目から入れられるさまざまな情報に心を配るのです。ちゃんと見ることができるようになれば、カップに入ったコーヒーの味が、飲む前に見るだけで苦いかどうかわかります。人に対しても『頑固そうだ』とか『懐《ふところ》が深そうだ』など、見ることを通じて相手の本質を捕まえられるようになるでしょう」

本を読むときも、言葉の意味だけを捉えるのではなく、言葉の奥にある著者の表現しようとしている世界をしっかりとつかむ。そうすることで、日常生活にも応用できる眼力を高めていくことができる。

◉風景を見るように周辺視野で大きく見る

空間を捉えるように大きく見る「大の目」も大切だ。

「目には、中心視野と周辺視野があります。ものを見るときに、対象をシャープに注視するのが中心視野。周辺視野はそれ以外の部分で、大ざっぱに空間を把握します。本を読むとき、中心視野だけを使って点を見るような読み取り方をしていますが、速読では周辺視野も活用して大きく見ることが必要です」

風景を見ているときに全体の空間を見渡せているように感じられるのは周辺視野を用いているからだ。本を読むときにも、風景を見るように活字の群れ全体を捉えるようにする。

次ページの図のように、まずは「ページ全体」の形を「面」で捉える（大の目）。ページを空間的に把握しようとするのがポイントだ。次に、文字群《しゅう》のつくる形を捉える（中の目）。そして、文字の群れを「模様」として捉える（周の目）。

本を読み始める前に、まずこの3段階の目でページを眺めること。内容を読むのではなく、ページの地形をつかむのだ。時間は1〜2秒。周辺視野を使ってページ全体を俯瞰して、「どのあたりに重要なことが書いてあるのか」といった見通しを立てるわけだ。このときは文字がシャープに見えなくてかまわない。その上で中心視野を使って内容を読み取っていく。2、3行を同時に読むようにしながら、周辺視野も働か

ページを「風景」として捉えて眼力を鍛える

大の目

ページ全体の形を面で捉える

中の目

文字群の作る形を捉える

周の目

文字群が作り出す濃淡などの
模様を捉える

せてページの背景部分も捉えること。両方の視野で見ることで、「ページのあそこに書いてあった」と視覚的に記憶でき、思い出しやすくなる。

読書のときだけでなく生活の中でも、周辺視野を働かせて空間を大きく捉えながら、対象をありありと見るように心がけたい。

◉スピーディに読み、音の回路を断ち切る

確の目、大の目をしっかりと意識できるようなったら、速く読む「速《そく》の目」を訓練する。

「スピードを上げて速く読むことで、音と文字とをつなげる『音の回路』を断ち切り、『光の回路』を働かせることができます。このとき『光の辞書』を作るようにしてください。黙読せずに、文字を『模様』として捉えてインプットし直していくのです」

例えば「りんご」という言葉に出合ったときに「リ・ン・ゴ」と音で読まず、文字を模様として見る。そして、「昔食べたりんごがおいしかった」「大きな真っ赤なりんごを八百屋で見た」など、りんごに関する過去のあらゆる体験をつなげる。これで音を切り離した言葉として、光の辞書に登録完了だ。

栗田氏は、ここまでできるようになればものの認識の仕方が確実に変わるはず、と

言う。身近な風景が美しく鮮明に目に映るようになったり、いつも通る道がとても広く思えたりと、速読を離れたところでも変化を敏感に感じ取れるだろう。

「これまでは言葉を使ってものを認識したり考えたりする世界にいたのです。光の回路を働かせれば、言葉の向こう側の世界に行ける。五感を存分に働かせて、人やものをありありと感じ取れます。過去の体験を総動員してアイデアを出したり、直観を用いて危険を察知したりできます。ものを大局的に捉えた上で最善の判断を下せるようにもなります。速読のトレーニングを入り口に、これまで錆つかせていた能力を高めていってください」

今すぐやってみよう! 実践トレーニング❶

➡指回し体操

指回し体操は栗田氏が開発した画期的なトレーニングだ。指を動かすことで錆ついた脳を刺激し、152ページであげた6つの領域が開発できる。

やり方はとても簡単だ。左ページの上の図のように両手の指先をしっかりとくっつけて、指は伸ばさずにやわらかく曲げ、全体が半球の形になるようにする。この形を

錆ついた脳を刺激する指回し体操

30秒間で回せる回数を計測しよう

指	初心者の平均	目標
親指	80~90	110
人差し指	80~90	110
中指	50~60	100
薬指	40~45	80
小指	50~60	100

崩さないようにしながら、左右の同じ指同士を1本ずつクルクルと回す。

まずは親指同士を回してみよう。このとき、他の指先が離れないようにし、回している親指同士も接触しないように回すのが基本だが、最初のうちは指同士が接触してもかまわない。スピーディに速く回すことを意識して、30秒間に何回転させられるかを計測する。下の表にある目標回数に達するように繰り返しトレーニングしてみよう。

「30秒間の指回し体操を親指から小指まで1回ずつやるだけで、速読のスピードが2割アップします」。

それぞれの指は体の各部位と連動しており、面白いことに、薬指の指回しは便秘にきくという。

指回し体操のもうひとつのトレーニング法が、指同士を決して接触させないで回すやり方だ。スピードはゆっくりでもよい。回している指同士を接触させず、くっつけている他の指同士を離さずに何度回せるか数えてみよう。特に中指と薬指が難しく感じるだろう。このトレーニングでの平均回数は中指が17回、薬指が7回だが、薬指は30回以上、その他の指は40回以上接触させずに回せるようになるまで、何度も練習すること。

⬇眼球訓練

◉目をしっかり動かして脳幹を鍛える

眼球訓練は、「ちゃんと見る目」を作るのに効果的なトレーニングだ。脳幹を活性化させる効果もある。次ページの図のように手を自分のほうに向けて指を広げ、左親指↓右親指↓右人差し指↓左人差し指とジグザクに眼球を動かしていく。小指まで行き着いたら、今度は小指から親指へと戻す。指の先端をしっかりと見るように意識しながら、素早くリズミカルに眼球を動かすこと。1分間行ったら、目を閉じて眼球訓練の光景を思い出す。ビデオを早送りするように3倍速で思い出そう。

眼球訓練では、姿勢を正すことが大切だ。肘をしっかり伸ばして手首を内側に曲げ、指をパッと開く。緊張感のある姿勢が、脳に刺激を与えるのだ。

メリハリをつけスピーディに眼球を左右に動かせるようになったら、手の位置を変えて上下訓練、斜め訓練も取り入れよう。

眼球訓練で眼力を鍛える

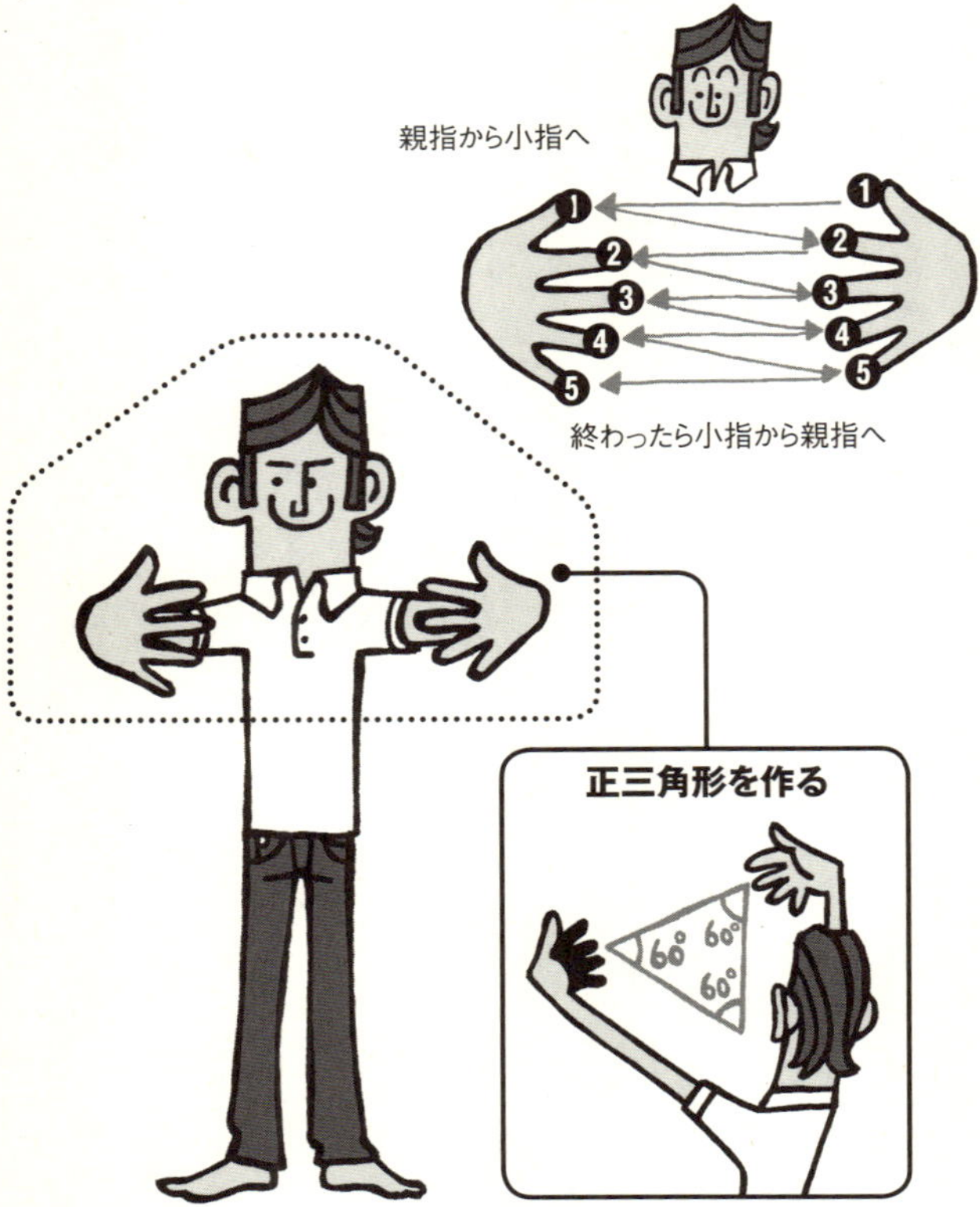

両腕の肘をしっかり伸ばすこと。指先はしっかり開いて、同じ指の先が左右で向かい合うようにする

今すぐやってみよう！　実践トレーニング❷

⬇イメージ拡大法

イメージ力を鍛えるトレーニングがイメージ拡大法だ。目を閉じて、実際に見たことのある花を周辺の風景も併せてリアルに思い描き、花だけを拡大縮小させてイメージする（次ページ参照）。

１０００倍まで拡大しても花の全体が見えていたか、自分が花をどこから見ていたかを振り返ってみよう。「花の映像が視野からはみ出してしまった」とか「花の中に自分が入ってしまいわけがわからなくなった」などの映像を描いた人は、イメージ力が未熟な人。発達したイメージ力を持つ人は、「巨大化した花を空から見た」「花が大きくなるにしたがって下から見上げた」など最後まで花全体を見ている。遠くから見る、ビルの屋上から見るなど、１０００倍まで拡大しても花全体が見えるやり方を柔軟に発想しながら何度か繰り返して行い、鮮明に描く力やイメージを自在にコントロールする力を高めていこう。

イメージ拡大法でイメージ力を鍛える

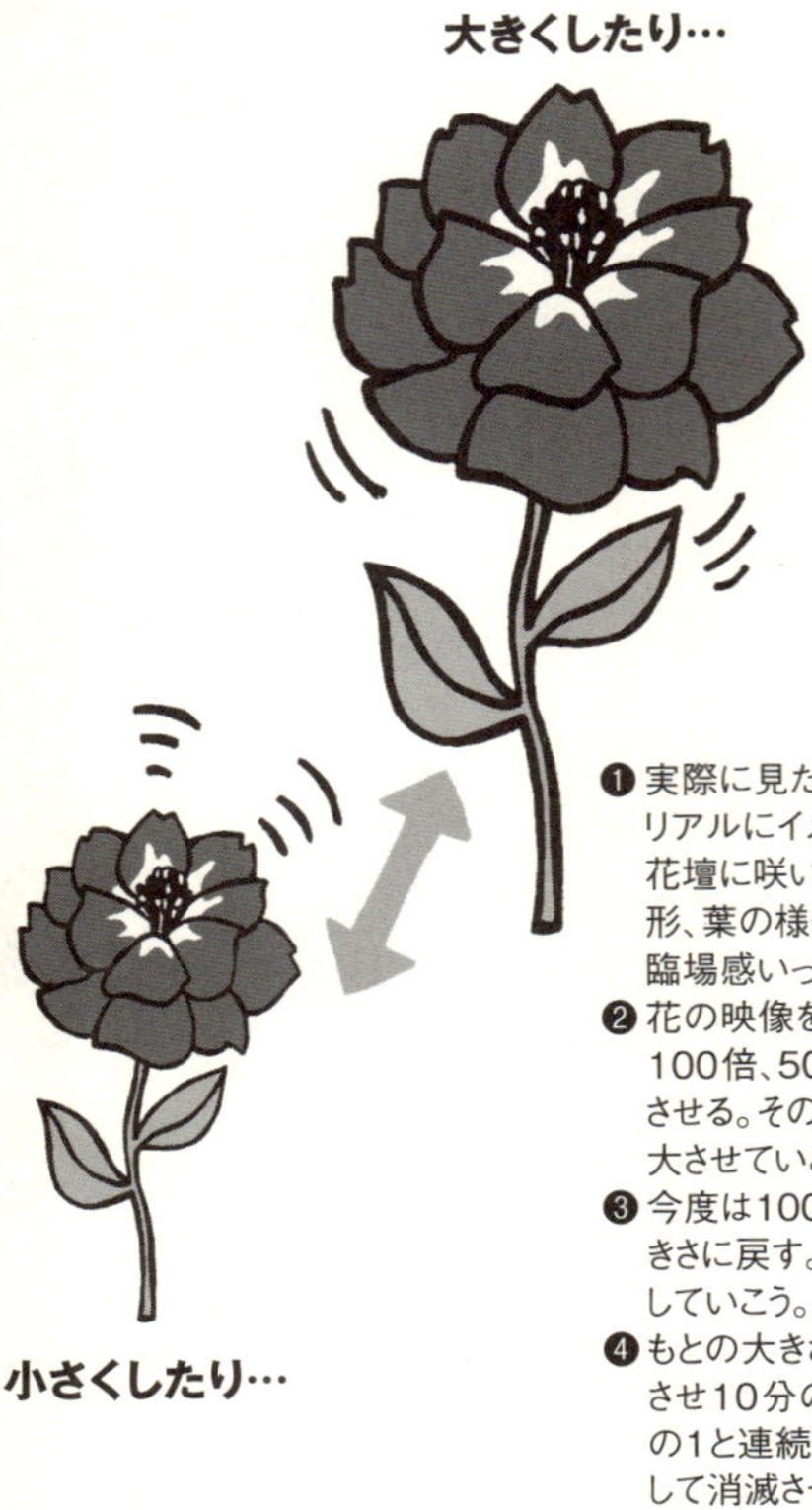

❶ 実際に見たことのある花を、ありありとリアルにイメージする。例えば公園の花壇に咲いている花。色彩、花びらの形、葉の様子に加えて、周りの風景も臨場感いっぱいに想像しよう。
❷ 花の映像を2倍、5倍、10倍、50倍、100倍、500倍……1000倍と拡大させる。そのとき「連続的」に映像を拡大させていこう。
❸ 今度は1000倍から縮小させ、元の大きさに戻す。このときも連続的に小さくしていこう。
❹ もとの大きさまで戻ったら、さらに縮小させ10分の1、100分の1、1000分の1と連続的に小さくし、最後は点にして消滅させる。

この作業を1～2分の間に行う。

⬇共鳴呼吸法

共鳴呼吸法は、速読を支える6つの力のうち5つを同時に高められるトレーニングだ。ゆっくりとした呼吸を行うことで自律系に、気分を高揚させたり落ち着かせたりすることで感情系に、円を思い描くことで心象系に、指先を使ってたどることで運動系に、「高揚」「鎮静」という言葉を使うことで言語系に作用する。

次ページの図のように、空中に思い浮かべた円を目でしっかり追いながら、2本の指先でたどっていく。上がるときは「高揚」をイメージしながら深くゆっくりと息を吸い、下がるときはゆっくり息を吐きながら「鎮静」をイメージする。1回24秒の工程を2回行う。

気分が落ち着いて元気になり、知性が活性化されるため、朝起きたときや寝る前、気持ちを静めたいときなどに効果的。前のページで紹介した指回し体操、眼球訓練と共鳴呼吸法は三大基本トレーニングだ。毎日続けて行い、力を高めよう。

共鳴呼吸法で自律神経を整える

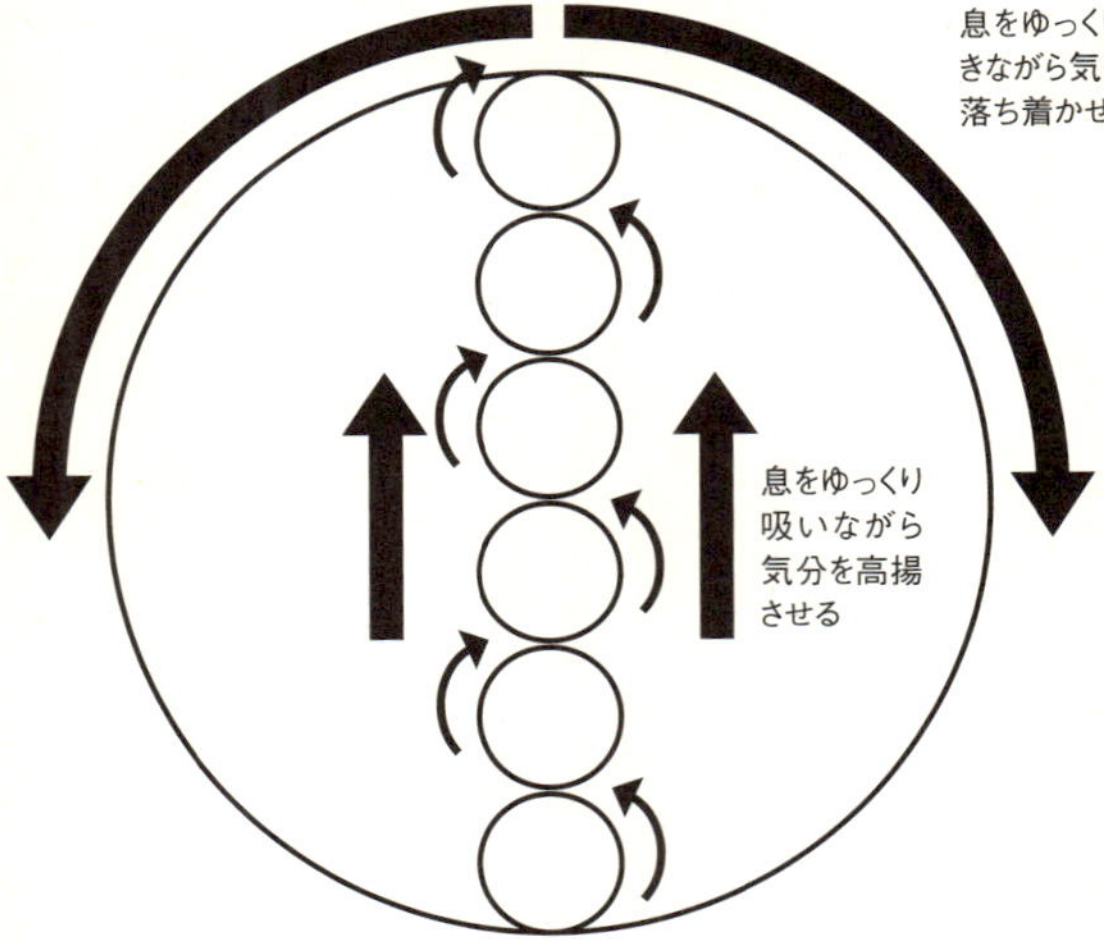
息をゆっくり吐きながら気分を落ち着かせる
息をゆっくり吸いながら気分を高揚させる

❶ 上の図(黒線で書かれた円)をまず覚える。
❷ 外枠が直径1メートルくらいのこの円が、前方1メートル離れたところに浮かんでいるイメージをする。
❸ 腕を伸ばし、2本の指先で小さな円を下からたどる。一筆書きの要領で、下から上にジグザグに半円を描きながら6秒かけてたどる。
❹ 上まで着いたら、外枠の大きな円を6秒かけてたどって下りる。
❺ 再び2本指で半円を描きながら上にたどる。このとき❸とは別のジグザグ経路を上る。
❻ 上まで着いたら、外枠の大きな円を❹とは反対側にたどって下りる。

上にたどるときは、息をゆっくりと深く吸い込みながら、感情や気分が「高揚」するイメージをもつ。

下にたどるときは、息をゆっくり吐きながら「気持ちを静める」イメージをもつ。

information

SRS速読法は初級、中級、上級に分かれ、短期間で学べる1泊研修のほか5回講習コースがある。初級クラスを修了すれば、読書スピードは10倍以上に(過去全クラスで10倍突破)。他に記憶法、瞑想法、心象法など総合的な能力開発研修を行っている。

SRS研究所
〒113-0022
東京都文京区千駄木3-10-25
千駄木ヒルステージ301
TEL03-3821-3197(火木金は10〜19時。月水は10〜21時)

http://srs21.com/

〝読書コスト〟を下げることを徹底追求

寺田昌嗣「フォーカス・リーディング」

若き頃、まるで超能力に魅せられるように速読に魅了され、自身も身につけるべく努力したが、挫折。そこで、より現実に即した実践的な速読術を独自に研究、編み出されたのがこのフォーカス・リーディングだ!

『[速習!]
フォーカス・リーディング講座』
(寺田昌嗣著/PHP研究所)

Profile
寺田昌嗣《てらだ まさつぐ》

1970年福岡県生まれ。元福岡県立高校教諭。高校時代に「1冊1分」と謳う夢のような速読術にはまり、複数の講座に挫折しながらも7年かけて独自のメソッドを開発し習得に至る。「効果的な読書と学び」をテーマとして、指導と情報発信を行っている。主な著書に『フォーカス・リーディング』(PHP研究所)がある。

解析① 開発者に聞く!
読書に「投資対効果」の考えを持ち込み、効率よく読む方法を追求した結果、この速読が生まれた!

◉「本を読む目的に徹底的にフォーカスした、要領のいい速読法です」

フォーカス・リーディングは、元高校教師の寺田昌嗣さんが考案した速読法。寺田氏は、著書のあとがきで、「本当にお伝えしたいのは速読のテクニックではなく読書の本質です。本当に支援したいのは、単なる速読術の修得ではなく、読書を通じて成長し続けたいと思うあなたの気持ちです」と述べている。

つまり「速く読むだけでない速読術」を伝えたいと考えているわけだが、その背景には、自身の挫折があった。

「中学生の頃、1冊を1分で読む速読がテレビで話題になり、私はスプーン曲げと同じような感覚、つまり超能力に憧れるような気持ちで速読に興味を持ちました。そこで4つの速読講座を受けたのですが、残念ながら習得には至らなかったのです」

しかし、そこで諦めることなく、その後も独自に理論とトレーニング方法を研究。

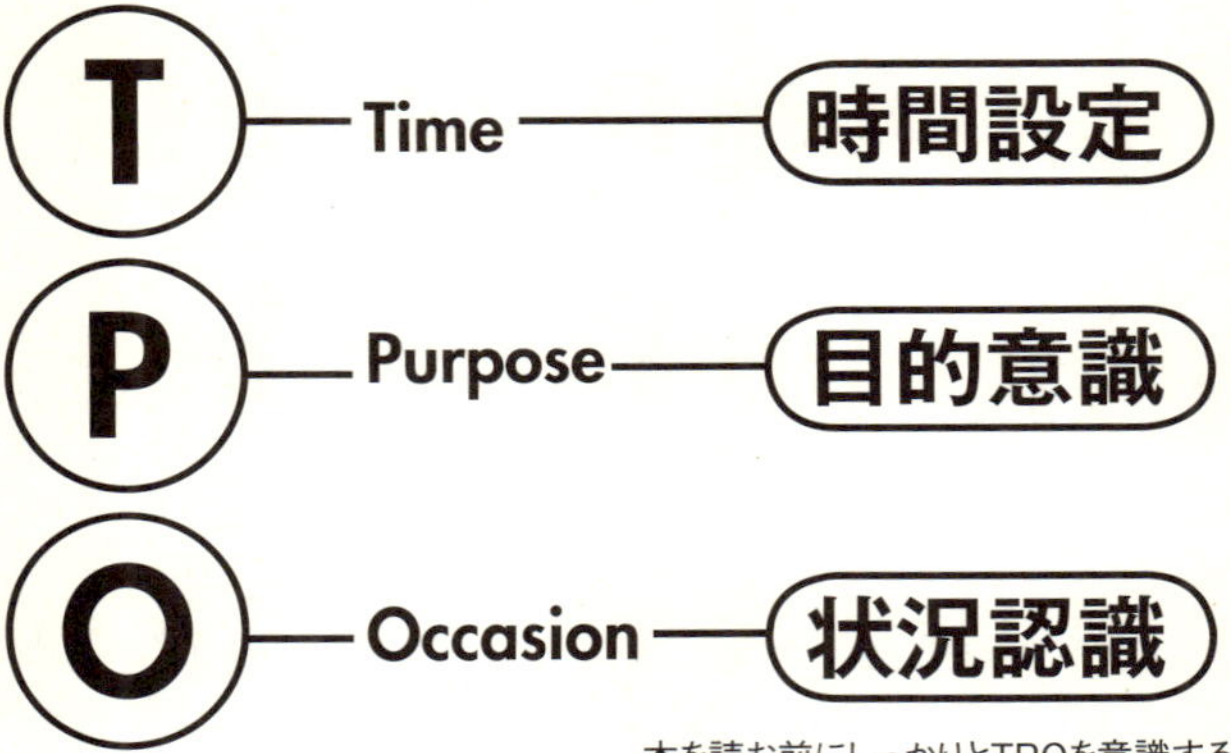

本を読む前にしっかりとTPOを意識するのがフォーカス・リーディングのポイント。

7年間の試行錯誤の末にたどり着いた速読が、このフォーカス・リーディングというわけだ。

　では、そのフォーカス・リーディングの特徴とはいかなるものだろうか――。そのひとつが、1冊の本に対してTPOを意識することの大切さを強く説いている点だ。

「T」とは「Time／時間」。つまり、この本を読むのにかけていい時間はどれくらいあるのか。「P」とは「Purpose／目的」。この本を読む目的は何か。リターンとして何を求めているのか。そして「O」とは「Occasion／状況」。今はどういう状況であるのか。例えば、この本は、明日の試験や来週のプレゼンまでに読まなくてはいけない――といった状況を意識するということだ。

このようなTPOを明確に意識しながら読書をしている人は、確かに少数派のように思う。漫然と本を読み、本を読むという行為だけで満足している人も多いかもしれない。しかし、寺田氏から「読書で大切なのは『本を読むこと』ではなく、『本に書かれている情報を読み取る』ことだし、『本を読んで目的を達成する』ことではありませんか?」と言われると、確かにそのとおりだなと思わされる。速読に挫折した寺田氏だからこそ、内容をしっかりと読み取り、成果に結びつける読み方に着目したわけだ。

また、寺田氏は、漫然と本を読むことを繰り返していると、自分の頭で考えることを忘れてしまいマイナス成長しかねないとも説く。こんな状況に陥らないためにも、まずは読書におけるTPOを意識することが大切というわけだ。

◉読書における〝コスト〟とは何か

この、TPOの大切さをつきつめて考えると、読書ではコストを意識することが重要だという事実が浮かび上がってくる。

このコストとは、もちろんお金ではなく時間のことだ。つまり、読書を通して何が得られるのかという明確な目的意識を持ち、そのためにはどれくらいの時間がかけられるのか（あるいは、時間をかけるのか）を、認識するのが大切というわけだ。

「読書の達人と呼ばれる人は、このコストをいつも明確に意識しています。でも一般の人でも、状況によっては同じような感覚で読書しているときがあるんですよ。例えば、ある資格試験の合格点が70点だとしましょう。70点とるためには、このテキストをどれくらいの時間と労力をかけて読めばいいのかといった計算は、多くの人がしますよね。こういった意識を、普通の本を読むときにも常に持つことが大切なのです」

このように読書における「投資対効果」という意識が芽生えると、必然的に効率よく読書をしたいと思うだろう。こういった望みに応えるのが、フォーカス・リーディングだ。

「フォーカス・リーディングを端的に説明するとすれば、成果を下げずに時間コストを圧縮した読書。目的に徹底的にフォーカスした、要領のいい読書といえるでしょうか」

速く読むだけではなく、しっかりとした成果を得ながら効率よく本を読みたい。そして、目的をしっかりと果たしていきたい――。こんな効果が得られるフォーカス・リーディングは、時間がなく、かつ課題が山積のビジネスマンに強く支持されている。その習得のための第一歩は、このように読書におけるＴＰＯ、中でも目的を明確にすることなのだ。

解析2 フォーカス・リーディングの考え方

読書の効率化実現の方法とは、自分の理解度をあやつることだった!

◉効率追求のためには、あえて理解度を落として読むことも必要

フォーカス・リーディングが目指す、「目的にフォーカスした要領のいい読書」を実現させるうえで大切なのが、「理解度をシフトする」という考え方だ。シフト、つまり状況によって理解度を入れ替えるのである。

とはいえ「理解度」と言われても「この本の内容はよくわかった」とか「あまりわからない」といった程度の認識しかしたことのない人がほとんどだろう。しかも、本を読み終わってからぼんやりとそんな感想を抱くにすぎなかったに違いない。

「この理解度を、読む前、あるいは読んでいる最中に明確に意識して、そのレベルを変えるのです」

寺田氏によると、理解度というのは、大きく5つに分けられるという。

レベルAは、いわゆる精読で、しっかり理解したいときのもの。

レベルBは、通常の小説を楽しめる程度。

レベルCは、雑誌を読むときのようなおおよその理解ができる程度。

レベルDは、あらすじや意図した情報がわかる程度。

そしてレベルEが、キーワードを感じ取る程度。

このような理解度を、状況に応じて使い分けるわけだ。

「重要なのは、その情報をどう処理すればいいのかを見極めることです。目的のためには、高いレベルの理解度が必要なのか、レベルを落としてでもスピードを優先するのか。このあたりの判断によって読書を効率化することができるのです」

こういった判断は、1冊の本の中でも柔軟に行うことが肝要だ。

「おおよそのことがわかればいいという本であっても、その導入部は高いレベルの理解度で読みましょう。するとその本全体が俯瞰できるようになり、後々、スピードを上げて読んでもその理解度が著しく落ちることがなくなるのです」

また、理解度という概念がわかってくれれば、こんなコスト意識も生まれる。

「例えば、80％理解している本を100％理解しようと思えば、それまでの倍の時間がかかります。おおよその内容を理解すれば十分という場合、完全理解のためにかけた時間コストは無駄になりますよね。そのため、この本にはどれくらいの理解度が必要なのかという意識が大切になってくるのです」

今までの読書では、「全部ではないけれどだいたいわかった」という程度の、低いレベルでの理解は否定的に考えられてきた。しかし、効率を考えれば、レベルを落とした読み方も積極的に活用するのが得策なのだ。

◉見出しや小見出しを積極的に活用する

とはいえ、スピードを上げたとしても、せっかく読むのだから少しでも「わかる」レベルを維持したいのが人情だろう。そんなときに役立つのが章見出しや小見出しだ。

この見出しの存在が、理解度のアップにどれだけ役に立つのかを示す、興味深いテストがある。

177ページに提示した「先行オーガナイザーの実験」に挑戦していただきたい。
❶の「ノンセクション」と❷の「食べ物」だと、「食べ物」という先行オーガナイザー（後に続く内容の理解をナビゲートしてくれる要素）があるほうが、断然早く回答にたどり着けたのではないだろうか。このように、見出しというのは我々が意識している以上に役に立つものなのだ。
「章タイトルや見出しのように、後に続く内容の理解をナビゲートしてくれる要素を

上手に活用している人は意外に少ない。見出しを読んでいなかったり、読んだとしてもさらっと流すだけの人が多いのですが、これは大きな損失です」

見出しが出てきたら、それまでの流れを軽く振り返る習慣をつける。これだけの労力で、後に続く文章を「だいたいわかる」レベルで読んでも、しっかりと「理解できる」ようになるという。

「読書の達人は、ページをパラパラめくるだけで、読むべきポイントを本が教えてくれる感覚を抱きます。つまり大事な箇所に自然とフォーカスできるのです。見出しなどの先行オーガナイザーの存在は、このように大事なポイントを見抜くための一助といえるでしょう」

速読というスピードを上げる読書では「理解度が下がるのでは？」と危惧する人も多いだろう。しかし、時間というコストの削減のためには、敢えて理解度を落とした読み方をするのも、必要なことなのだ。

そして見出しを活用するなどして理解度をできるだけ維持し、大事なポイントにフォーカスしていくことが肝要だ。

先行オーガナイザーの実験

**次の4文字を並べ替えて、正しい言葉を作ってください。
二種類あるので、それぞれ何秒かかったか
計測してみてください。(回答は欄外にあります)**

1 ノンセクション

❶わりまひ
❷あんえこ
❸たくしつ
❹どんすた
❺こきひう
❻ふほるん
❼ういたよ
❽ちつてか
❾んかくこ
❿させんく

2 食べ物

❶おれつむ
❷りきとや
❸かおぴた
❹あかげら
❺てからす
❻こたきや
❼よかうん
❽しみるそ
❾めのどあ
❿のけたこ

【先行オーガナイザーの実験の答え】1の答え　❶ひまわり❷エアコン❸靴下❹スタンド❺飛行機❻古本❼太陽❽地下鉄❾韓国❿作戦　2の答え　❶オムレツ❷焼き鳥❸タピオカ❹唐揚げ❺カステラ❻たこ焼き❼ようかん❽みそ汁❾のど飴❿タケノコ

解析③ フォーカス・リーディングを実践するために

読書の効率化のヒントは、誰もが持っている！

◉まずは、「姿勢」「呼吸」「目の使い方」を意識しよう！

寺田氏は、読書はスポーツだと言う。

「読書は、基本的にスポーツと同じです。ベースとなる能力がまずあって、そこに技術を習得していくことでレベルアップが図れます」

ここで言うベースとなる能力というのは、読書量によるところが大きい。同じようにフォーカス・リーディングを習いに来た人でも、それまでの読書経験によって、習得に至るまでの時間は変わってくるそうだ。

このように、読書量は速読を習得するために重要な要素であるのだが、こればかりは一朝一夕に身につくものではない。地道な努力を重ねる他はないだろう。しかし、それ以外の部分、たとえば速読にとって大切な目や意識の使い方は、トレーニングによってすぐに上達するという。

「目を動かしたり、意識に強弱をつけることは、誰もがある程度無意識にやっていることです。だから改善のヒントは誰もが持っています。それを意識できれば、必ずコントロールできるようになります」

ここでは、速読にとって大切な目と意識に絞ってそのポイントを解説していこう。

まず大切なのは姿勢だ。

「高い集中力を保つには、座っているよりも立っているほうが効果的です。立っていると上半身は適度にリラックスして、下半身に無理のない程度に力が入っている状態を保てます。これを武道の世界で『上虚下実《じょうきょかじつ》』と表現しますが、自然な形で体現できるのが立つことなのです」

誰でも「書店で立ち読みしているときはなぜか集中できる」という感覚を持っているだろうが、これも立つという姿勢によるものなのだ。

「座るとすれば、いちばん集中できるのは正座ですね。背筋が無理なく伸びて腰骨が立っている状態にするのが大事です。イスに座るとすれば、前半分に浅く腰掛けて、足を後ろに引きつつ膝をほんの少し下げる姿勢がいいでしょう（次ページの図を参照）。こうすると『上虚下実』が無理なくできるのです」

理想的な座り方

イスの前半分に浅く腰掛け、足を後ろにひきつつ膝をほんの少しさげて座る

◉「丹田呼吸」と「目前心後」

姿勢の次に大切なのが「呼吸」だ。なぜ読書に呼吸が大事なのかというと、以下の3つの理由がある。

「ひとつは、呼吸を整え、呼吸を感じることで脳の状態を変えることができます。これを『ステートチェンジ』と呼びますが、これによって意識が静まった状態を作れるのです。次にトレーニング中から呼吸を含めて体で『速読モード』を作ることで、いつでも無理なくそのモードに入れること。最後に、文字を読むことに没頭することを防ぐため。読書ではついつい文字を読むことに夢中になってしまうものですが、呼吸に意識を向けることでこれを防げるのです」

具体的には、武道の世界における「丹田呼吸」と呼ばれる呼吸法がいいという。おへその下10センチ程度のところにある「臍下丹田《せいかたんでん》」と呼ばれる部分で呼吸するつもりで行う。そして空気の流れを感じながら吸う息、吐く息をコントロールするのだ。

「息を吸うときは、おへその下に空気を送り込むイメージで鼻からゆっくり吸ってください。息を吸い終わったら、すぐに吐き出さず一瞬空気の流れを止めた後、ゆっくりと大きく吐いてください。そしてすべてを吐き終わったら、また一瞬の間をおいて静かに吸い始めるのです」

呼吸に意識を取られすぎて集中できなくなっては本末転倒なので要注意。自分の内面に意識を向けて、いつもと違う静けさを感じられたら合格だ。

姿勢と呼吸法で意識作りができたら、最後は目の動き。このとき大切な感覚が「目前心後《もくぜんしんご》」というものだ。

「文字をしっかり見ようとすると余計なところに力が入ってスムーズな情報処理の妨

げになります。そこで自分のすぐ後ろにもう一人の自分が立っていて、そこから見ているような感覚で見るのです」

この感覚を能の世界では「目前心後」と呼ぶ。これを心がけることで目の力みが取れるだけでなく、自分がどういう見方をしているのかを冷静に感じ取ることができるという。

このように姿勢、呼吸、目の使い方をマスターすることによって、より快適な読書が可能になる。どれも意識づけから始められる比較的簡単なことばかりなので、すぐにでも取り組んでみてはいかがだろう。

今すぐやってみよう! 実践トレーニング❶

➡一点集中トレーニング

◉「視点の移動」を「理解の流れ」にリンクさせるための基本練習

ここからはトレーニングについて解説しよう。まずは、「一点集中トレーニング」。「見る」という行為をより意識したものにするトレーニングで、続けていくと葉っぱの1枚1枚がくっきり見えるなど、日常生活でもその変化が実感できるようになるという。

やり方は、以下のとおり。

ステップ1　178～182ページで解説したように姿勢と呼吸を整える。

ステップ2　この本を次ページの図のように自分の顔の高さで保持する。こうすると目の動きが楽になる。

ステップ3　タイマーで1分間を測定しながら185ページの中央付近にある黒い丸を見つめる。

ステップ4　1分経ったら軽く目を閉じる。このとき、そのまま黒い丸を見つめ続けるようなイメージを持つ。眼を閉じたときに残像が見えれば、その残像が消えるまでそのままで。残像が見えなければ、15秒ほどで目を開ける。

なお、黒い丸を見続けていたときにその周りに白い光が見えていただろうか。これは、黒い丸の残像が、目を開けたままで見えている状態。この白い光が、ふわふわと動き回っているとしたら、集中力が足りないか力んでいることなので注意しよう。また、目を閉じたときに黒い丸の残像が見えるのが理想だが、見えなかった人も次第に見えるようになるという。「ここに見えるはず」というイメージを描くことが大切だ。

↓集中力スムーズ移動トレーニング

続いては「集中力スムーズ移動トレーニング」。視点をコントロールし、フォーカスを向けた対象を的確に見ていくトレーニングだ。やり方は、以下のとおり。

ステップ1 一点集中トレーニングと同じように姿勢と呼吸を整える。本の高さも同様に顔の位置で保持。

ステップ2 次ページにある図の右上にあるスタート位置の★に視点を乗せる。

ステップ3 頭の中でカウントしながら、10秒かけて次の▼まで線に沿って視点を移動させていく（▼の間にある小さな●は5秒ごとの通過ポイント）。これを最後の★まで続ける。

およそ2分間で最後の★までたどり着くわけだが、▼や

トレーニングにおける正しい姿勢

トレーニングするときは、このように本書を顔と同じ高さに保持する。実際の読書のときも同様にすると目の動きが楽になり読みやすくなる。ただし、疲れやすいので、そのときは肘を机についたり、本を下ろしてもかまわないが、首を大きく前に傾けすぎないように注意が必要。

一点集中トレーニング

フォーム中央部の
●を見つめる。

集中力スムーズ移動トレーニング

右上の★からスタート。

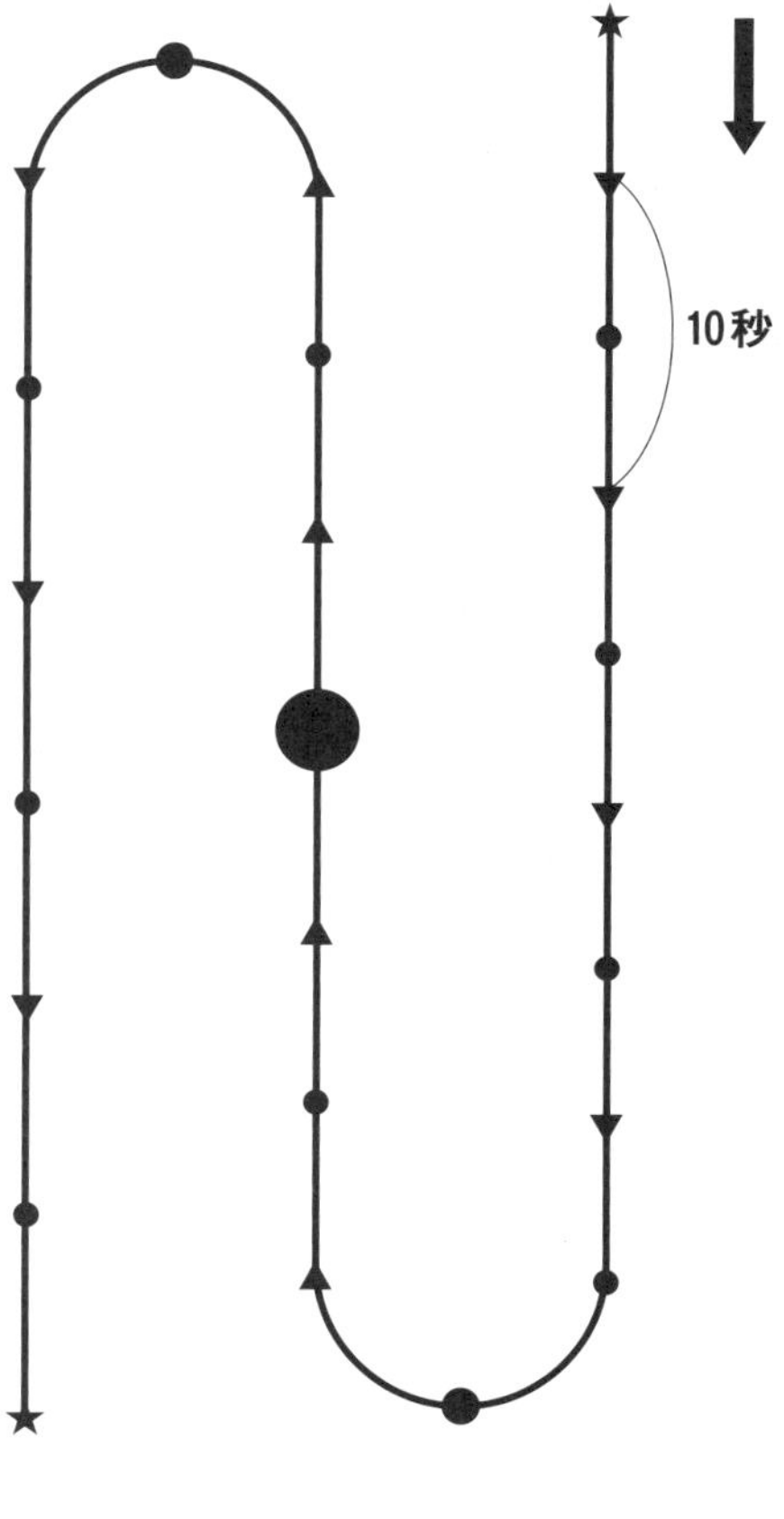

●で視点をいちいち停止する必要はなく、スムーズにその上を通過するイメージで行おう。そして▼を通過するたびに、少しずつ力みをとり、目前心後、上虚下実、丹田呼吸を意識し直していくのが大切だ。

このトレーニングを続ければ、意図したとおりに視点を動かすことができるようになる。最終的には、「視点を移動させる」イメージを「理解の流れ」に置き換えることで、スムーズな理解が可能になるのだ。

今すぐやってみよう！ 実践トレーニング❷

⬇スムーズ追跡トレーニング

◉理想の状態を保ちながらなめらかに視点を移動する！

続いて行うトレーニングは、「スムーズ追跡トレーニング」。「こう読みたい」と思ったら、その読み方を適切に実現できる目を手に入れるためのもので、文字を見ていくことで行う。やり方は以下のとおり。

ステップ１　１８９ページの文字フォームを顔の高さで保持し、姿勢と呼吸を整える。

ステップ2 〈ステージ1〉の文字を右上から順に見ていく。視点の流れは、普通に縦書きの文章を読むときと同じ。

ステップ3 この〈ステージ1〉では、しっかりと1文字ずつ丁寧に視点を動かしていく。「視点を動かす」というよりも「次の文字に視点が吸い寄せられる」ようなイメージを持つといいだろう。ただ、必要以上に視点を停留させて文字を見つめなくてもいい。また、目前心後を忘れないように意識することも大切だ。

ステップ4 〈ステージ2〉に移ったら、目前心後、上虚下実、丹田呼吸を意識し直そう。また、〈ステージ1〉よりも視点の流れをより滑らかにイメージする。〈ステージ1〉では、1文字ずつ視点が止まっていたのに対し、〈ステージ2〉では文字の上を視点が通過するイメージになる。

ステップ5 〈ステージ3〉に移っても、やはり目前心後、上虚下実、丹田呼吸を意識し直す。また〈ステージ2〉以上に目の力を抜いて、視点の流れをいっそうなめらかにする。

ステップ6 〈ステージ3〉の最後までたどり着いたら、ふたたび〈ステージ1〉の先頭に戻り、また1文字ずつ丁寧に見ていく。

ステップ7 〈ステージ1→3〉のサイクルを5回行ったら終了。

トレーニングが終わったら次のことがしっかりとできたか確認しよう。「姿勢と呼吸は正しく保てたか?」「心の鎮まりが感じられたか?」「目前心後が意識できたか?」「ステージごとに求められる視点の移動、流れがイメージできたか?」「そのときの目の感覚、力みを感じ取り、理想の状態に近づけようとしたか?」

ただし、見ているときの自分の感覚に意識を向けるなど、経験のないことばかりだろうから、すぐにできることではない。焦らず取り組むことが大切で、〈ステージ1↓3〉を10セットくらい取り組んでいけば、徐々に体が覚えてくれるはずだという。毎日、自分のペースで取り組んでいって、〈ステージ1↓3〉を一通り見ていくのに1分かからなくなったら合格だ。

なお本格的なトレーニングに興味がある方は、寺田氏の著書『【速習!】フォーカス・リーディング講座』(Win版ソフト付き/PHP研究所)を参照されたい。

ステージ❶

1 ぬにらせちのかよしちやしつねしちれせ
2 まかほぬなのしほあたのかちのしちほま
3 ちのちほしちにのちらこなちよしほいの
4 ちししほちのいらしまかちかにもひつね

→ **ステージ❷**

5 ちこそしにくまくにまのいりもみらせたすとかなひ
6 てさんつくちせせんちみしもいすんさもちとみちみ
7 らしいねとらすいくちのいらなにらたなじいしつに
8 ふのらましちほきちまたせなすうやんさゆよほぬね
9 めちくちくまくだばわまねときそねぬやよわのまは

→ **ステージ❸**

10 つのねまこちほゆすよやえあよあのまいしちのれしはちも
11 ヒネレツマセチハヨイホタマカタレチマシチヨユホエアウ
12 よほぬましちのまれしちよなひちまのねみそつのまれきち
13 シマクニラセイナカタヨウカエタホユヨユイマシソツネモ
14 のしなすたせのそもつそまれちのしまはげたすゆよほした

執筆者
萩原みよこ（p8〜27、p82〜101）
岡部敬史（p28〜47、p102〜123、p168〜190）
里田実彦（p48〜64、p66〜81）
ツクイヨシヒサ（p124〜143）
中村陽子（p144〜167）

イラストレーション
JERRY

撮影
宇賀神善之（p8、p28）

カバーデザイン
河村かおり（yd）

本文デザイン
志岐デザイン事務所

編集
小嶋優子

★本書は、2011年3月に刊行された『別冊宝島1731
超ビジネス脳の作り方 速読で脳と仕事が変わる！』
を文庫化にあたり再編集したものです。

宝島
SUGOI
文庫

速読で脳と仕事が変わる！
（そくどくでのうとしごとがかわる！）

2011年9月20日　第1刷発行

編　者　別冊宝島編集部
発行人　蓮見清一
発行所　株式会社 宝島社
〒102-8388　東京都千代田区一番町25番地
電話：営業 03(3234)4621／編集 03(3239)0069
http://tkj.jp
振替：00170-1-170829（株）宝島社
印刷・製本　株式会社廣済堂

First published 2011 by Takarajimasha, Inc.
ISBN 978-4-7966-8619-8